本书获得国家自然科学基金地区项目"考虑竞争又
发现方法研究"（72362007）资助

U0601925

经管文库·管理类
前沿·学术·经典

考虑竞争对手在线评论信息的
酒店企业服务需求差异化分析研究

AN ANALYSIS OF HOTEL SERVICE DEMAND DIFFERENTIATION CONSIDERING COMPETITORS' ONLINE REVIEWS

夏　倩　著

经济管理出版社
ECONOMY & MANAGEMENT PUBLISHING HOUSE

图书在版编目（CIP）数据

考虑竞争对手在线评论信息的酒店企业服务需求差异化分析研究 / 夏倩著. -- 北京 ：经济管理出版社，2024. -- ISBN 978-7-5096-9817-4

Ⅰ. F719.2

中国国家版本馆 CIP 数据核字第 202421E7Y2 号

组稿编辑：白　毅
责任编辑：白　毅
责任印制：许　艳
责任校对：陈　颖

出版发行：经济管理出版社
　　　　　（北京市海淀区北蜂窝 8 号中雅大厦 A 座 11 层　100038）
网　　址：www. E-mp. com. cn
电　　话：（010）51915602
印　　刷：唐山玺诚印务有限公司
经　　销：新华书店
开　　本：720mm×1000mm/16
印　　张：16. 75
字　　数：234 千字
版　　次：2024 年 8 月第 1 版　　2024 年 8 月第 1 次印刷
书　　号：ISBN 978-7-5096-9817-4
定　　价：98. 00 元

前　言

　　大众旅游时代的到来，带动了酒店行业的迅猛发展。在酒店行业繁荣发展的同时，也面临着严重的同质化竞争和顾客多样化需求的挑战。在复杂多变的市场环境中，酒店企业要脱颖而出获得竞争优势，对竞争对手的识别显得尤为重要。通过有效识别竞争对手，酒店企业可以正确评估市场环境，提供高于竞争对手的服务，改善运营与服务管理。但是传统的酒店企业竞争对手识别倾向于关注管理者的认知和经验，而顾客作为最终购买和交易的执行者，是竞争的真正仲裁者，却很少作为管理者识别竞争对手的参考因素。而且，为了满足不同顾客的需求和偏好，酒店企业需要深层次理解市场、理解顾客需求，实现精准与精细化运营和服务管理。

　　随着 Web 2.0 的发展，电子商务平台上顾客的在线评论数量呈爆炸式增长，这些海量的、开放性的在线评论信息使酒店企业可以洞察整个市场环境，尤其是所在领域竞争对手的相关信息。但是在线评论信息数量巨大，包括多种形式的数据类型，特别是非结构化评论文本信息，传统的竞争识别方法难以适用。基于此，本书借鉴管理学、机器学习、数据挖掘、统计学和计算机科学等多学科方法和技术，以酒店企业的在线评论信息为研究对象，从顾客的视角出发，构建精准有效的竞争对手识别模型。在此基础上，以基于在线评论信息的服务需求分析为切入点，研究竞争对手评论信息对焦点酒店企业产生负向的溢出效应机理，进而将酒店企业与其竞争对手在顾客需求上的差异进行分析比较，以满足焦点酒店企业的顾客需求和偏好，帮助酒店企业科学制定有效的差异化运营与服务改进措施。具体研究工作如下：

（1）根据竞争酒店企业的在线评论信息中隐含着属性特征相似的关联关系，本书提出了一个基于 T-K-KNN 的竞争对手识别方法，利用信息熵、K-Means 聚类和 KNN 分类方法识别酒店企业的主要竞争对手，以及酒店企业属性特征在不同细分市场中的重要性，并可视化展示了酒店企业及其竞争对手的优劣势。从中国领先的在线旅行网——携程平台上收集了中国 50 个城市 6409 个酒店企业的 500 多万条在线评论信息，以验证基于 T-K-KNN 的竞争对手识别方法的精准度和适应性。T-K-KNN 为大数据环境下的竞争对手识别提供了一定的方法借鉴。

（2）基于构建的竞争对手识别方法，进行数据集中所有酒店企业竞争对手的识别，然后理论分析和实证检验竞争对手的在线评论信息对焦点酒店企业产生的负向溢出效应及影响机理，为下一步研究提供了理论支持。顾客在线预订酒店时，往往会比较多个相关酒店企业的在线评论信息，竞争对手在线评论信息影响顾客对焦点酒店企业产品或服务的感知，进而对焦点酒店企业产生溢出效应。尽管一些研究表明，在线评论信息正在以一种竞争的方式改变着商业环境，然而现有的研究大多关注单一酒店企业在线评论信息产生的经济效益，而忽视了从竞争对手的视角研究相关酒店企业在线评论信息的相互作用，以及对潜在顾客的选择及焦点酒店企业绩效的影响。因此，本书通过一阶差分模型实证分析了竞争对手的在线评论信息对焦点酒店企业产生的负向溢出效应，而竞争对手点评分的可信度、竞争对手点评分的离散度和酒店星级能够调节负向溢出效应带来的影响。研究结论有助于酒店管理者更好地理解和洞察开放的在线评论信息的竞争作用机理，实行差异化的在线评论信息管理方式。

（3）在深入理解相关酒店企业的在线评论信息相互作用影响的机制基础上，为了提高焦点酒店企业的吸引力，本书在考虑竞争对手和焦点酒店企业的在线评论文本信息的基础上，构建了一个基于 L-L-CNN 和 SNA 的服务需求差异化分析方法，有助于酒店企业科学制定差异化运营和服务改进措施，以满足顾客的偏好需求，并在市场上获得竞争优势。本书首先提出了一种基于 L-L-CNN 的特征提取方法，将粗粒度的主题特征词与细粒度的语义特征词相结合，并利用卷积神经网络进行分类训练，从评论文本信息中快速提取出顾客关注的热点属性特征，进而为酒店企业构建有效的服务需求。其次基于服务需求的共词网络，采用 SNA 方法建立服务需求的社会网络结构图谱。通过对酒店企业与其竞争对手在不同情感倾向下的服务需求网络图谱及网络特征进行差异化分析，得到有关酒店企业服务需求更细粒度的评估，进而达到改善细分市场的目的。根据负向情感的共词网络图谱，酒店企业可以发现需要改进的关键服务需求。最后与传统的 LDA 特征提取方法相比，从多个指标出发评估 L-L-CNN 特征提取方法的有效性和稳健性。

上述研究成果不仅丰富与完善了酒店行业在线评论信息研究的理论框架，也为酒店企业快速有效地识别竞争对手，以及进行科学的服务需求差异化分析提供了一些方法上的借鉴。

目　录

第1章 绪论

1.1 研究背景与研究问题

1.1.1 研究背景

《"十四五"旅游业发展规划》明确指出，"十四五"时期，我国将全面进入大众旅游时代。巨量的潜在旅游消费需求带动了酒店业的高速发展。中国在线酒店市场交易规模从 2013 年的 568 亿元高速增长至 2019 年的2992.2 亿元。2020 年后在线酒店市场交易额有所递减。2023 年后出游需求逐渐恢复。在 2023 年 "五一" 假期期间，超过 90% 的酒店企业的营业收入已经恢复到疫情前的水平，其中，将近 70% 的酒店企业的营业收入相较于疫情前实现了正增长，平均增长 42%[①]。酒店企业繁荣发展的同时，其面临的

---

① 数据来源于 https：//www. meadin. com/report/257937. html。

困境也是前所未有的。酒店行业准入门槛和技术壁垒不高，酒店市场提供的产品标准和服务方式大同小异，使酒店企业面临着严重的同质化竞争。中国饭店协会统计的数据表明，全国酒店供应的客房数量一直在增长。2019 年全国酒店数量达到 60.8 万家，同比增长约 2%。酒店客房供给数量从 2015 年的 215.01 万间增长至 2019 年的 414.97 万间，年均复合增长率为 17.87%（见图 1-1）①。酒店规模的快速增长带来了行业的产能过剩（Tsai 和 Gu，2012；Pavone 等，2021；罗浩和陈仁，2021），随之而来的市场竞争也日渐激烈。

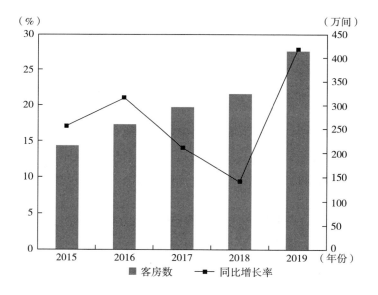

图 1-1 2015~2019 年中国酒店客房数量增长情况

另外，伴随着信息技术进步和社会发展，人们的生活水平及消费品质不

---

① 数据来源于 http：//www.chinahotel.org.cn/forward/enterenterSecondDaryOther.do? contentId = 979e11a0ff5544448d16329434cc91b0。

断提升，顾客消费观念发生转变，消费需求日趋个性化、多样化，对酒店企业提供的产品和服务也提出了越来越高的要求（Zhang等，2021）。顾客不再满足单一、标准化的服务和产品，不再追求简单的物质消费。顾客更加追求精神上的享受和个性化的住宿体验，他们会关注酒店企业提供的不同服务和入住体验。顾客日趋多样化和个性化的需求使酒店企业在有限资源下满足顾客需求、实现有效的供给、在市场中获得竞争优势面临着挑战（孙坚，2018；王安宁等，2021）。

面对严重的同质化市场竞争和个性化、多样化的顾客需求，如何区别于竞争对手来满足顾客的服务需求、制定差异化运营和服务改进策略以提升市场竞争力成为管理者面临的现实问题。而竞争对手识别通常是企业进行市场评估、服务改进和战略发展的第一步（Cantallops和Salvi，2014）。通过对竞争对手进行有效识别，酒店企业可以对市场环境进行正确评估，提供优于竞争对手的服务及制定差异化的运营管理策略。大量的文献强调了在竞争激烈的商业环境中识别竞争对手的重要性，以及忽略或错误识别竞争对手带来严重的后果（Clark和Montgomery，1999；Baum和Lant，2003；Gur和Greckhamer，2019；Runge等，2022）。然而，传统的酒店企业竞争对手识别倾向于关注管理者的经验和认知，特别是识别竞争对手的信息来源主要通过新闻报道、问卷调查或权威机构发布的信息等（Clark和Montgomery，1999；Netzer等，2012；Guo等，2022）。这些信息在一定程度上满足酒店企业对竞争对手的分析需求，但结果易因主观认知偏差、视野狭窄等而缺乏可靠性（Hatzijordanou等，2019）。而且，大规模的调查耗时耗力，与时刻变化的竞争环境不匹配。特别是在数字经济时代，竞争环境的变化比以往任何时候都要快，商业世界要求企业有更短的响应时间和对竞争环境的更多关注。

随着网络信息技术的迅猛发展，电子商务改变了人们的生活方式和消费习惯。有住宿需求的顾客通过网上预订来完成交易，传统的交易模式从线下逐渐转移到线上。线上销售渠道已经成为酒店企业销售战略中的一个重要方向（Rapp 等，2015；Li 等，2020），而顾客在线评论信息也成为酒店企业进行产品或服务销售不可或缺的工具（Zhu 和 Zhang，2010；Xiang 和 Law，2013；Oliveira 等，2022）。在线评论信息是顾客体验产品或服务后的评价，包含着对酒店属性及服务的意见和态度。作为网络口碑的一种形式，在线评论信息是顾客购买前获取产品或服务质量信息的可靠来源（Zhu 和 Zhang，2010；Shamim 等，2021；Ye 等，2022），特别是酒店企业提供的是一种体验型产品，顾客消费前很难评估其产品或服务的质量。为了降低感知风险，顾客会浏览大量的在线评论信息。最近的市场调查显示，超过 49% 的游客在没有查看在线评论信息的情况下不会预订酒店①，约 35% 的顾客在查看评论信息后改变了旅行安排（Borges 等，2021）。中国互联网信息中心数据显示（见图 1-2），超过 77.5% 的顾客认为网络口碑，即在线评论信息是影响顾客购买决策的主要因素②。在线评论信息在顾客购买决策过程中扮演着重要的角色，影响顾客的购买意愿，进而影响产品或服务的销售业绩及在市场竞争中的优势（殷国鹏，2012；王安宁等，2021）。最为重要的是，电子商务平台上开放的、海量的在线评论信息，来源广泛，更新速度快，可以作为企业洞察整个市场环境并获取顾客需求的重要信息。虽然在线评论信息给企业提供了丰富的信息资源，但海量的在线评论信息的出现也给企业带来了挑战。在线评论信息数量巨大，人工地理解并获得有见解的建议通常是困难的。而且顾客的需求通常隐藏在纷繁复杂的评论信息中，传统的统计建模方法（如OLS 回归模型）难以适用（Ye 等，2022；Mariani 和 Baggio，2022）。

---

① 数据来源于 http：//www.wtmlondon.com-/RXUK/RXUK_ WTMLondon/2015/documents/WTM-Global-Trends-2016.pdf。

② 数据来源于 http：//www.cnnic.net.cn/hlwfzyj/hlwxzbg/。

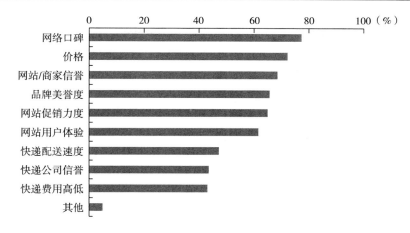

图 1-2 影响顾客购买决策的主要因素

大数据、云计算、人工智能、5G 通信等新一代信息技术的快速发展给企业带来了新机遇，以机器学习、数据挖掘为主的商务智能方法能够对大量结构化和非结构化数据进行分析，发现数据中隐藏的趋势、模式或相关性，帮助企业识别、开发和创造新的商业机会（Larson 和 Chang，2016；王安宁等，2020；Zhuang 等，2018）。近十几年，利用商务智能方法对在线评论信息进行分析处理的相关研究一直在显著增长（Aral 等，2013；Li 等，2020；Borges 等，2021），而且广泛应用于各个领域，如系统推荐、广告营销、品牌管理、情感检测和产品创新等（黄立威等，2018；Hollenbeck 等，2019；李磊等，2020；Ray 等，2021）。然而这些商务智能方法研究主要关注单一企业产品或服务的在线评论信息，却忽略了产品或服务所在的整个网络。其中，利用机器学习、数据挖掘等智能方法从在线评论信息中挖掘企业的服务需求，进行服务创新成为酒店企业关注的主题和热点（孙坚，2018；Ye 等，2022）。例如，沈超等（2021）在产品需求趋势挖掘中构建了时序分析模型，从在线评论中分析了产品属性的关注度和情感属性，继而预测了产品需求属性的重要性及市场变化趋势。Qi 等利用语义分析和文本挖掘技术探究了在线评论中的潜在顾客需求信息，并结合专家知识揭示了产品的多维尺度。Gu 等（2021）运用顾客需求评估模型，融入特征提取及情感分类，剖析了顾客需求如何支持产品或服务创新。唐中君和龙玉玲利用 LDA 主题模型从在线评论中识别了潜在顾客需求信息，并利用 Kano 模型对顾客需求的重要度进行了评价和排序，以构建产品的个性化需求。Djan 和 Adawiyyah 探究了一种从在线评论信息中自动识别潜在顾客需求的方法，对不同类型的需求要素进行了区分。

上述研究表明，众多学者在顾客需求挖掘领域已提出多种较为成熟的理论和方法，为本书研究提供了重要的思路，但仍存在一些不足之处。一是对顾客需求的挖掘大多是基于企业自身产品或服务的在线评论信息，忽略了产品或服务所在的整个网络中其他竞争对手的评论信息（汪涛和于雪，2019；Ye 等，2022）。在实践中，电子商务平台会推荐大量的相关酒店产品或服务信息，并将它们相互关联。例如，在线旅行网携程平台上有着大量的酒店产品，为了减少信息过载、提高顾客的体验，携程平台按照某种分类或关键字搜索将相关酒店产品关联，顾客预订酒店时，不仅会查看最终购买酒店产品的在线评论信息，还会浏览其他高度相关酒店产品的在线评论信息。其他相关酒店产品或服务的在线评论信息影响着顾客对焦点酒店企业产品或服务的感知，进而影响顾客的购买决策。现有的服务需求研究大多针对企业自身评论信息的分析结果进行顾客需求的重要度和情感倾向区分，少有研究考虑焦点企业与其竞争对手在顾客需求上表现出的满意度差异，以发现或改进焦点企业的服务需求。二是基于在线评论信息的顾客需求识别大多利用传统 LDA 主题模式表示文本特征，然而，相较于长文本评论，用户评论文本长度短，更口语化和碎片化，单条评论的语义稀疏且共现信息不足，增加了传统 LDA 主题模型对文本内容的识别难度，不利于 LDA 模型生成高质量的主题和属性特征词（Bastani 等，2019；杨阳等，2022）。传统 LDA 主题模型识别主题比较粗粒度，而且对应的属性特征词是全局性的，而局部属性特征词，因为出现频率偏低（彭云等，2017）且上下文关系不太明确时不易被提取发现。例如，"酒店位置很好"中"位置"属于全局属性特征词，而"我一进房间就看到了房间桌子上送的巧克力"中"巧克力"属于低频的局部特征词。虽然这些局部特征词出现频率低，但是很多酒店企业通过赠送额外的水果、巧克力和特色纪念品等小礼物提升顾客的满意度。而且 LDA 主题模型会忽略评论文本的语义信息和词序信息，无法进行深层次表征（Wang 和 Xu，2018；Guo 等，2021；钟桂凤等，2022）。因此，现有研究虽然对评论文本信息中的高频词或属性特征词进行了聚类分析，以识别出顾客的关键需求，但这些研究对于在线评论文献信息中隐含的产品或服务需求的识别、复杂语义的理解依然缺少行之有效的方法。

综合以上分析可知，目前利用在线评论信息开展的服务需求相关研究还很不充分，依然有一系列问题亟待解决，具体表现如下：

第一，传统的竞争对手识别较少将顾客作为参考因素。而得益于信息技术的快速发展，越来越多的顾客通过在线评论发表对产品或服务的体验评价。现有的研究对在线评论信息的价值及影响进行了大量的探索，但视角主要集中在单一企业自身在线评论信息上，却忽视了从多个相关企业的在线评论信息中发现企业属性特征或需求相似性。

第二，传统的竞争对手识别方法（如最小二乘回归模型、多维尺度分析法）难以处理非线性模型以及海量的在线评论信息（Kim 等，2011；Ye 等，2022）。而且利用在线评论信息识别竞争对手时，容易存在识别精度不高、效率低下等问题（Gao 等，2018）。尽管营销和服务领域的研究都意识到机器学习等方法在分析在线评论信息方面的效用（Sohn 等，2003；Arora 等，2020；Hartmann 等，2019），但是相关的机器学习方法对包含噪声的数据集非常敏感（Mitani 和 Hamamoto，2006），而且有些机器学习方法在计算多维特征的权重时可靠性差，进而造成不能高精准、有效地识别出竞争对手。因此，在考虑噪声及评估多维特征权重的基础上，设计出一个精准有效的酒店企业竞争对手识别方法是本书研究的一个关键问题（Baum 和 Lant，2003）。

第三，在线评论信息的影响效果不能孤立地考虑，需要深入探索在线评论信息对竞争产品的影响，以便正确评估在线评论信息对不同参与者的整体影响。尽管一些研究表明，在线评论信息正在以一种竞争的方式改变着商业环境（Pelsmacker 等，2018；Xia 等，2019），然而，现有的研究鲜有考虑竞争环境下相关企业的在线评论信息是如何影响顾客对焦点企业产品或服务的感知的，以及这种感知对焦点企业产生负向溢出效应的影响机制。

第四，尽管有一些研究已经开展了从海量的、非结构化的文本信息中提取属性特征的研究，然而如何从评论短文本信息中提取有效的属性特征，还需要进一步深入研究（韩亚楠等，2021）。大部分用户评论文本长度短，具有口语化和碎片化特征，单条评论的语义稀疏且共现信息不足，增加了对文本内容的识别难度，因此，选择有效的方法实现高质量属性特征的提取对构建酒店企业的服务需求非常重要。另外，整合酒店企业的服务需求，针对其竞争对手做差异化分析也是本书研究的重点。

总之，利用在线评论信息进行酒店企业竞争商务知识的挖掘，依然存在一系列亟待解决的问题。而高度关注外部环境的变化，快速做出服务管理响应，是酒店企业获得市场竞争优势的必要条件，进而利用在线评论信息识别竞争对手、发现竞争对手竞争机制及制定有效的服务改进策略在酒店行业中越发重要。

1.1.2　研究问题

如前文所述，目前利用在线评论信息开展的服务需求相关研究还很不充分，依然有一系列问题亟待解决。在当今信息数字经济时代，竞争环境的变化比以往任何时候都要快，商业世界要求企业有更短的响应时间和对竞争环境有更多的关注。而竞争对手识别通常是企业进行市场评估、服务改进和制定发展战略的第一步（Cantallops 和 Salvi，2014；Krieger，2021）。通过有效竞争对手识别，酒店企业可以对市场环境进行正确评估、提供优于竞争对手的服务及制定差异化的运营和服务改进策略。因此，本书的目标是构建考虑竞争对手评论信息的酒店企业服务需求差异化分析模型，以此解决酒店企业严重的同质化竞争和顾客多样化需求问题，实现精准和精细化运营与服务管理。具体来说，深入分析在线评论信息中隐藏的信息，构建竞争对手识别模型，解决在线评论大数据环境下的竞争对手精准识别问题，帮助酒店企业掌握市场竞争格局。研究竞争对手的评论信息如何影响顾客的服务感知，进而对焦点酒店企业产生负向溢出效应的机理，揭示开放的在线评论信息的竞争作用机理，拓展在线评论信息相关研究，帮助酒店企业制定差异化在线评论信息管理策略。构建酒店企业服务需求差异化分析模型，帮助焦点酒店企业进行差异化运营和服务改进，以满足不同顾客需求和偏好，获得市场竞争优势。根据以上的研究目标，具体的研究问题如下：

（1）基于在线评论信息，如何设计一个精准有效的竞争对手识别方法？

利用在线评论信息进行竞争对手识别的相关研究中，大多关注的是企业自身产品或服务的在线评论信息，而忽略了产品或服务所在的整个网络的在线评论信息。事实上，顾客预订酒店的过程隐含着一个顾客感知的市场竞争关系，这种竞争关系通过在线评论信息中蕴含的服务属性相似性将多个酒店企业关联。因此，本书从顾客的视角，比较高度相关酒店企业的在线评论信息，刻画相关酒店企业映射在在线评论信息中的关联关系，构建精准的竞争对手识别模型。具体来说，本书提出了一个基于 T-K-KNN 的竞争对手识别方法。首先利用信息熵识别酒店属性特征在不同星级酒店企业样本集中的相对重要性，以此提高识别方法的精准度。其次采用加权 K-Means 聚类方法将训练集划分为若干簇，构造出一些新的小类训练样本集，这样搜索空间变成了若干子集，克服了训练集中噪声对 K 近邻查找的负面影响。最后依据每个簇中的 K 近邻局部均值向量来识别焦点酒店企业的主要竞争对手。另外，本书不仅采用了常见的量化指标评估基于 T-K-KNN 的竞争对手识别方法的精准度，还与其他方法进行对比，说明本书所提出的识别竞争对手方法的有效性。

（2）竞争对手的在线评论信息如何影响顾客对焦点酒店企业产品或服务的感知，进而对焦点酒店企业产生负向溢出效应？

顾客通过电子商务平台进行酒店预订时，往往考虑多个相关酒店企业的在线评论信息，竞争对手的在线评论信息影响顾客对酒店企业的服务感知，从而影响酒店企业的相对吸引力。尽管一些研究表明，在线评论信息正在以一种竞争的方式改变着商业环境（Pelsmacker 等，2018；Xia 等，2019；Ye 等，2022）。然而，大多数研究只关注单一酒店企业的在线评论信息，却忽视了从竞争对手的视角研究相关酒店企业在线评论信息的相互作用，进而影响焦点酒店企业销量的复杂过程。因此，本书利用线索诊断理论和前景理论，通过一阶差分模型实证分析竞争对手在线评论信息如何影响顾客对焦点酒店企业产品或服务的感知，进而产生负向的溢出效应。竞争对手点评分的可信度、竞争对手点评分的离散度和酒店的星级能够调节负向溢出效应的程度。研究结论一方面有助于酒店管理者有效地制定差异化在线评论信息管理策略，更好地理解和洞察开放性在线评论信息的作用机理。另一方面通过理论分析和实验验证了竞争对手的在线评论信息对焦点酒店企业产生的负向溢出效应及影响机理，为下一步研究提供了理论支持。酒店企业不仅要关注自身的在线评论信息，而且还要结合竞争对手的在线评论信息，挖掘出顾客关注的热点服务需求，进行差异化分析，以在市场上获得竞争优势。

（3）焦点酒店企业如何利用在线评论信息进行差异化运营和服务改进以满足不同顾客需求和偏好，获得市场竞争优势？

在深入理解相关酒店企业的在线评论信息相互影响的机理基础上，为了提高焦点酒店企业的吸引力，本书基于竞争对手和焦点酒店企业的在线评论文本信息，构建了一个精准的服务需求差异化分析方法，有助于酒店企业科学制定差异化运营和服务改进策略，以满足顾客的多样化需求，从而在市场上获得竞争优势。首先用 L-L-CNN 特征提取方法获取评论文本信息中细粒度的属性特征词，这些属性特征词形成酒店企业和竞争对手的服务需求；其次依据服务需求之间的共现关联关系，构建共词网络；最后采用社会化网络分析（Social Network Analysis，SNA）方法可视化地展示酒店企业与其竞争对手在不同情感极性下共词网络图谱，为酒店企业更加细粒度地进行优劣势分析、有效地制定差异化运营和服务改进策略提供了一定的方法借鉴。

1.2　研究意义

伴随着大数据、人工智能、物联网以及 5G 等新技术的快速发展，数字经济时代到来，要求企业对外界变化有更短的响应时间和更多的关注（Wang 和 Siau，2019）。传统以人工分析为主的信息处理方式，在面对海量的在线评论信息时，效率低下而难以满足实时的竞争需求。在这种背景下，本书借鉴统计学、数据挖掘、机器学习和计算机等相关知识，基于在线评论信息提出了一种酒店企业竞争对手识别方法，并在识别竞争对手的基础上，实证分析了竞争对手在线评论信息对焦点酒店企业产生的负向影响。在深入理解酒店企业的在线评论信息相互影响的机理基础上，为了提高焦点酒店企业的吸引力，本书基于竞争对手和焦点酒店企业的在线评论文本信息，构建了一种服务需求差异分析方法，有助于焦点酒店企业科学制定差异化运营和服务改进策略，以满足顾客的多样化需求，从而在市场上获得竞争优势。本书研究具有一定的理论意义和实际应用价值。

1.2.1 理论意义

在理论意义方面，本书利用在线评论信息进行酒店企业竞争商务知识的挖掘，扩展了在线评论信息的研究范围，并为大数据环境下的竞争对手识别和酒店企业服务改进提供了一定的方法借鉴。

（1）利用电子商务平台上的在线评论信息，挖掘相关酒店企业在线评论信息的关联关系，以实现对竞争对手的识别，克服了以往依靠问卷调查或第三方报告获取结果的局限性。同时，为酒店企业提供了一个基于顾客视角的市场竞争格局。

（2）提出了基于 T-K-KNN 的竞争对手识别方法，基于在线评论信息利用信息熵、K-Means 聚类和 KNN 分类方法识别酒店企业的主要竞争对手，以及酒店企业属性在不同细分市场中的重要性。利用携程上大量酒店企业的在线评论信息数据验证本书提出的竞争对手识别方法，结果表明本书方法具有较好的精准度和适应性。因此，本节提出的方法为酒店企业进行智能化的竞争对手识别提供了一定的借鉴。

（3）丰富与完善了酒店行业在线评论信息研究的理论框架。以往大量的研究验证了企业自身在线评论信息对顾客行为和企业产生的影响，而本书从竞争角度出发，探讨相关酒店企业的在线评论信息的作用，发现其会影响顾客对焦点酒店企业产品或服务的感知，进而对焦点酒店企业产生负向溢出效应，影响焦点酒店企业的效益。同时还发现，竞争对手点评分的可信度、竞争对手点评分的离散度和酒店星级可以调节竞争对手点评分对焦点酒店企业产生的负向溢出效应。研究成果为酒店管理者更好地理解和洞察开放性在线评论信息的竞争作用机理提供了参考。

（4）提出了基于 L-L-CNN 的特征提取方法，将粗粒度的主题特征和细粒度的语义特征结合，并利用卷积神经网络进行分类训练，从评论文本信息中快速提取出顾客关注的属性特征，进而为酒店企业与其竞争对手构建了有效的服务需求。利用平均最小 KL 散度和平均肯德尔等级相关系数与基准模型进行比较，验证了 L-L-CNN 特征提取方法的有效性和鲁棒性。为有效地从短评论文本信息中提取特征，解决以往特征模型表征能力弱、泛化能力差等问题提供了一定的方法借鉴。

1.2.2　现实意义

本书的结论对酒店企业和在线旅游网站利用在线评论信息改善其服务绩效和管理决策有一定的启发意义。

（1）对于酒店企业来说，首先，可以结合酒店企业的真实销量、市场占有率等信息，对酒店企业资源进行合理规划，确定核心和潜在的企业竞争属性特征。其次，通过识别竞争对手，获取顾客对酒店企业竞争对手各个层面的评价，分析其背后蕴含的经营策略、经营方向和创新能力等，进一步跟踪用户评价的变化，掌握竞争对手市场营销成效，为酒店企业制定出有针对性的竞争策略和管理方法提供依据。再次，从顾客的视角出发，明确本酒店企业所处的竞争地位，充分了解自身和竞争对手的优劣势以及用户态度，使服务对象更加聚焦。此外，基于数据驱动的酒店企业竞争模型，有助于实现商务智能，发现数据中有价值的商业知识，从而辅助管理者做出正确的判断。最后，对酒店企业和竞争对手的服务主题及属性差异进行分析，有助于酒店企业建立以顾客为中心的商业运作模式，根据差异结论进行相关的营销策划以满足顾客的期望，达到改善细分市场的目的。

（2）对于在线旅游网站来说，首先，有助于网站加强对在线评论信息的分类管理。针对不同星级的酒店企业，顾客关注的属性有所不同。为了提高流量，在线旅游网站应该合理地展示酒店企业的评论信息和企业基本信息，使这些信息能够快速地被顾客关注和接受。其次，有助于优化网站的可视化设计，以此提升顾客的体验。在分析过程中生成了竞争对手集合图谱、酒店企业和竞争对手关注的热点话题图、酒店企业与其竞争对手属性特征在不同情感倾向下的共词网络图谱，这些都可以帮助顾客解决信息过载问题，直观快速地评估高度相关产品的质量信息。网站也可以提供有价值的见解以辅助顾客做出决策。最后，有助于平台对不同的顾客群体进行细分管理。在进行个性化推荐时，根据顾客偏好及需求推荐不同类型的酒店企业，提升顾客的体验感和满意度。

1.3　核心概念界定

本书所涉及的核心概念包括在线评论信息、竞争对手和酒店企业服务需求，现将几个关键概念界定如下：

（1）在线评论信息。在线评论信息是顾客对酒店产品或服务的评价及意见，在顾客购买决策过程中具有重要的影响力，它不仅是顾客用来评估酒店产品或服务的重要参考信息，也是企业进行营销、设计、创新及服务改进的参考。在线评论信息体现的是集体智慧,呈现形式是丰富多样的。大量的研究探讨了在线评论信息对品牌形象、产品选择、顾客态度、购物决策和销售等方面的影响(Xie 等,2016;Smironva 等,2020)。但这些研究中在线评论信息的维度构成却不尽相同。例如,Chevalier 和 Mayzlin(2006)研究了顾客在线评论信息对图书销量的影响,在线评论信息的维度包括评论数量和点评分。Zhu 和 Zhang(2010)探讨了产品类型和评论者特征的作用,发现其可以调节在线评论信息对销量的影响。该研究中在线评论信息的维度包括评论数量、点评分、评论者特征和产品类型。Kim 等(2018)研究了在线评论信息与购买概率的关联,其采用的在线评论信息维度包括评论信息的点评分、评论长度、评论有用性和评论者特征。Korfiatis 等(2019)挖掘在线评论信息中的文本信息以检测航空公司提供的服务质量,并指出评论文本信息有比量化的评论信息更丰富的内容,有助于企业更好地了解产品或服务需求。结合本书的研究内容,第 3 章中在线评论信息的维度由排名、酒店销量、推荐率、顾客评分、位置、服务、设施、卫生组成。第 4 章中在线评论信息的维度是在线点评分。第 5 章则提取在线评论文本信息的属性特征作为在线评论信息的维度。

(2)竞争对手。竞争对手识别一直受到管理学和相关学科的关注(Gur 和 Greckhamer,2019),研究人员从多种角度对竞争对手进行定义。例如,Srivastava 等(1981)认为,如果顾客感知到产品具有相同或相似的功能,那么这些产品所归属的企业就互为竞争对手。Chen(1996)指出,市场上的共通性和资源的相似性决定了两家企业是否为竞争对手。还有学者发现,从竞争对手的公开信息(财务报表和未来计划)中可以窥视竞争对手视角中的竞争者集合,从而有效地为焦点企业的产品提供战略情报。尽管角度不同,得到的研究结论也不同,但是这些研究给管理者提供了多种识别竞争对手的方法,帮助企业发现与竞争对手的差异,及时调整竞争策略(Hatzijordanou 等,

2019）。本书从顾客的角度定义竞争对手，认为提供相同或相似的产品与服务，并且能够满足顾客需求的企业互为竞争对手。顾客预订酒店时往往会在众多相似酒店中选择某个酒店进行预订，所以在预订酒店前不会只考虑最终预订酒店的在线评论信息，而是会对相似酒店进行在线评论信息的比较，一家酒店的在线评论信息可能会影响顾客对其他酒店的感知，进而影响其最后的购买决策。由此可以发现，顾客预订酒店的过程实际上隐含着一个顾客感知的市场竞争关系。这种竞争关系通过顾客在线评论信息中属性特征的相似性将不同的酒店企业相关联。

（3）酒店企业服务需求。目前，学术界对酒店企业服务需求没有明确的定义，不同的研究中酒店企业服务需求的维度构成不同。赵永庄（1993）探讨酒店企业的优质服务时，指出酒店的三个核心的服务需求，即设施、地理位置和员工服务。Xia 等（2019）从在线评论文本信息中提取酒店的位置、舒适度和卫生三个服务需求，以此来评估酒店企业在市场中的竞争力。Moon 等（2019）利用数据挖掘方法从在线评论文本信息中识别位置、环境、早餐等酒店服务需求，并根据这些服务需求评估其对潜在顾客评价酒店时的影响。邢云菲等（2021）基于主题图谱理论和文本聚类算法构建网络用户在线评论聚类模型，通过图谱可视化揭示不同地区酒店用户需求差异。研究发现，酒店用户首先关注的是服务，其次是酒店的环境和位置。参考现有研究中酒店企业服务需求的构成，本书认为，在线酒店产品评论信息作为一种口碑形式，包含了顾客对酒店产品或服务的全方面评价，有助于酒店企业了解消费者的需求，而且与传统的问卷调查和访谈数据相比，在线评论信息具有数据量大、收集成本低等优势。因此，本书从在线评论文本信息中提取出顾客关注的酒店服务需求，并对焦点酒店企业与其竞争对手在主题及共词网络图谱等方面的差异性进行分析。

1.4　研究内容与结构安排

基于酒店企业同质化竞争严重和顾客需求越来越个性化、多样化的现实背景，本书针对海量的在线评论信息进行竞争商务知识的挖掘，从技术导向、知识发现和行为导向三个方面，按照解决问题的层层递进思路确定研究内容：一是利用在线评论信息，开发设计一个智能化的方法，精准有效地识别竞争对手。该方法为后续的研究奠定了方法基础，帮助酒店企业进行主要竞争对手的识别。二是利用线索诊断理论和前景理论探讨了竞争对手在线评论信息影响顾客对焦点酒店企业产品或服务的感知作用机理，并通过一阶差分模型验证竞争对手的在线评论信息对焦点酒店企业产生的负向溢出效应。研究发现，竞争对手点评分的可信度、竞争对手点评分的离散度和酒店星级能够调节负向溢出程度。研究结果有助于酒店管理者深入地理解在线评论信息所包含的竞争机制，为后续的研究奠定理论基础。三是为了提高酒店企业的吸引力，进一步结合竞争对手与酒店企业自身的在线评论文本信息进行服务需求的差异化分析，以满足顾客需求和偏好，并帮助酒店企业科学制定有效的差异化运营与服务改进策略。研究内容的层次关系如图 1-3 所示。

为了展开深层次的研究，本书在对国内外在线评论信息、商务智能、服务改进、溢出效应和竞争对手分析理论进行梳理总结的基础上，结合统计学、机器学习、自然语言处理技术、社会网络分析等相关知识，从多个角度和多个层次论述了酒店企业的竞争对手识别、竞争对手在线评论信息对酒店企业产生的负向溢出效应和酒店企业服务需求差异化，并从中国领先的在线旅行平台——携程上采集酒店企业的基本描述信息和在线评论信息进行验证。图1-4 展示了研究内容的逻辑框架。

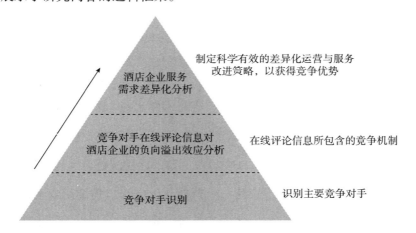

图 1-3　研究内容的层次关系

研究内容一	研究内容二	研究内容三
技术导向	**知识发现**	**行为导向**
基于在线评论信息的酒店企业竞争对手识别	竞争对手在线评论信息对焦点酒店企业产生的负向溢出效应	酒店企业的服务需求差异化分析

图 1-4 研究内容的逻辑框架

针对以上研究内容，本书将分为 6 章，每章的具体内容如下：

第 1 章为绪论。首先介绍了本书的研究背景与研究问题，进而引申出研究意义。其次根据问题进行核心概念界定，并确定研究内容与结构安排。最后根据所选取的研究方法，绘制本书的技术路线图。

第 2 章为理论基础与文献综述。本书主要从在线评论信息、竞争对手、服务需求、相关方法等方面进行了理论介绍与文献综述。

第 3 章为基于在线评论信息的酒店企业竞争对手识别方法研究。本章提出的基于 T-K-KNN 的竞争对手识别方法，可以精准有效地从海量在线评论信息中发现竞争企业之间的相似关系，识别出其主要竞争对手。首先利用信息熵找出酒店企业属性在不同细分市场中的相对重要性。其次采用加权 K-Means 聚类方法将训练集划分为若干簇，构造出一些新的小类训练样本集。最后利用每个簇中的 K 近邻局部均值向量来识别焦点酒店企业的竞争对手集合，并以可视化的方式展示酒店企业的优势和劣势。从携程平台上收集了中国 50 个城市的 6409 家酒店的 500 多万条客户评论信息，验证了该方法在识别竞争对手方面的精准度和适应性。

第 4 章为竞争对手在线评论信息对酒店企业的负向溢出效应分析。本章利用一阶差分模型对从国内大型在线旅游携程平台上收集的 1285 家酒店企业在线评论信息进行实验分析，发现竞争对手的在线评论信息影响顾客对焦点酒店企业产品或服务的感知，进而对焦点酒店企业产生负向溢出效应。研究结论对丰富在线评论信息研究的理论框架具有一定的意义，而且有助于酒店管理者更好地理解和洞察开放性在线评论信息的竞争作用机理，有效地进行差异化的在线评论信息管理。

第 5 章为考虑竞争对手在线评论信息的酒店企业服务需求差异化分析研究。为了提高销量、满足不同顾客需求和偏好，酒店企业常常通过差异化营销策略和改进服务来提升市场竞争优势。而在线评论文本信息隐含着顾客体验与评价，它是顾客对酒店产品或服务在各个属性维度上的真实态度和意见，为酒店企业制定差异化运营与服务改进策略提供了数据来源。因此，针对评论文本具有长度短、口语化和碎片化特点，本书提出了基于 L-L-CNN 特征提取方法，从评论文本信息中提取顾客关注的热点属性特征，为酒店企业构建有效的服务需求，然后依据服务需求之间的共现关系形成服务需求的共现网络，采用 SNA 方法对共现网络进行分析，建立服务需求的社会网络结构图谱。通过对不同情感倾向下酒店企业与其竞争对手的网络图谱及社会网络特征的差异化分析，酒店企业的优劣势得到更细粒度的评估，有助于管理者深入了解顾客偏好，科学地制定运营和服务改进策略，以促使酒店企业在竞争激烈的市场中保持优势地位。

第 6 章为结论与展望。首先对全书的研究结论进行了归纳总结；其次给出理论贡献和管理启示，并根据研究局限对未来的研究方向进行了展望。

1.5　研究方法与技术路线

1.5.1　研究方法

本书涉及统计学、数据挖掘、机器学习和计算机科学等相关理论和方法，综合运用了多种分析和建模方法展开深入研究，具体的研究方法包括：

（1）理论和文献研究法。对在线评论信息、竞争对手识别、商务智能、溢出效应和服务改进等国内外相关文献进行梳理和归纳，重点梳理了在线评论信息、竞争对手识别和机器学习等领域的基本理论、方法和相关文献。同时，根据电子商务平台上的酒店企业特点，分析了竞争酒店企业在线评论信息的相互作用，发现其会影响顾客对焦点酒店企业产品或服务的感知，进而产生负向溢出效应。

（2）计量分析方法。本书主要用到一阶差分计量经济模型。一阶差分计量经济模型主要用于实证检验竞争对手的在线评论信息对焦点酒店企业产生的负向溢出效应，以及竞争对手点评分的可信度、竞争对手点评分的离散度和酒店星级是否可以调节这种负向溢出效应。本书以定量分析的方式探索开放的在线评论信息所隐含的竞争机制。

（3）机器学习方法。机器学习是计算机模拟人类的行为，将现有的数据进行知识结构划分以获取新的知识和技能，是人工智能的核心。本书主要基于信息熵、加权 K-Means 聚类和 KNN 模型构建了基于 T-K-KNN 的竞争对手识别方法。其中，信息熵用来衡量属性特征的权重，以保证竞争对手识别方法的精准度；加权 K-Means 聚类方法主要用于将训练集划分为若干簇，构造出一些新的小类训练样本集，克服训练集中噪声对 K 近邻查找的负面影响；KNN 模型是通过相似度计算找到前 K 个最近邻，进而识别出主要的竞争对手。另外，还采用了 LDA 主题模型、Word2Vec 模型、LSTM 模型和 CNN 模型构建了基于 L-L-CNN 的特征识别方法，以进一步对顾客在线评论文本信息进行分析，发现顾客关注的热点属性特征，为酒店企业与竞争对手构建有效的服务需求。其中，LDA 主题模型主要用来粗粒度地提取属性特征词；Word2Vec 模型用来量化表示属性特征词；LSTM 模型用于学习词序信息，对语义特征进行提取，获取深层语义的词向量表示，实现评论文本信息的细粒度语义描述；CNN 模型用来分类以获取不同概率的主题类别。

（4）社会网络分析法。提取出在线评论文本信息中顾客关注的服务需求后，本书构建了服务需求的共现网络结构，利用 SNA 可视化展示酒店企业与竞争对手在不同情感下的共词网络图谱。节点表示属性特征，节点之间的连线表示属性特征间有共现关系，而连线的粗细则表示共现关系出现的频次。

（5）实验研究方法。针对构建的模型，设计了科学严谨的实验来验证模型的精准度和有效性。首先，利用网络爬虫软件火车采集器收集国内较大的在线旅行携程平台上的酒店企业样本及相关的评论信息，为实验分析提供数据基础。其次，本书选择了合适的评估指标以及对比方法来验证模型的稳健性和适应性，以保证研究成果的实际应用价值。

1.5.2 技术路线

本书首先利用开放的、海量的在线评论信息识别焦点酒店企业的竞争对手。其次理论分析和实验验证竞争对手的在线评论信息对焦点酒店企业产生的负向溢出效应及影响机理，为下一步研究提供了理论支持。最后在深入理解相关酒店企业的在线评论信息相互作用、影响的机制基础上，为了提高焦点酒店企业的吸引力，本书基于竞争对手和焦点酒店企业的在线评论文本信息，构建了一个基于 L-L-CNN 和 SNA 的服务需求差异化分析方法，帮助焦点酒店企业科学制定差异化运营和服务改进策略，以满足顾客的需求，在市场上获得竞争优势。本书的技术路线如图 1-5 所示。

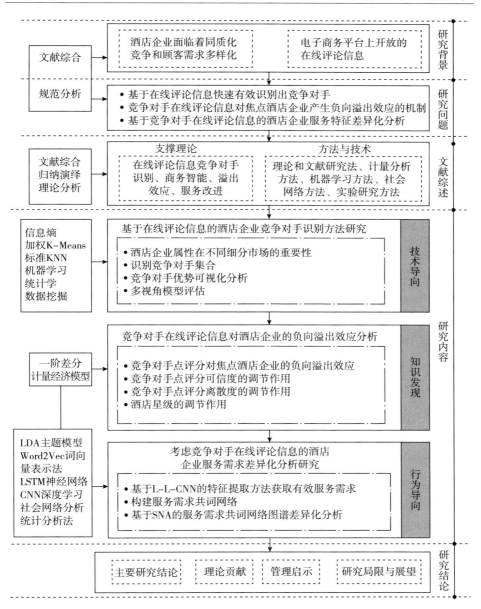

图 1-5　本书的技术路线

1.6 主要创新点

本书利用海量的在线评论信息，从顾客的角度理解竞争酒店企业之间的关联关系，智能识别主要竞争对手，并根据竞争对手的在线评论信息作进一步分析，帮助酒店企业实现基于在线评论信息的竞争商务知识提取，以制定有效的运营与服务改进策略。主要创新点如下：

（1）本书针对传统竞争对手识别方法易受到噪声影响以及精准度不高等问题，基于在线评论信息，综合利用信息熵、K-Means 聚类和 KNN 分类方法，提出了一种基于 T-K-KNN 的竞争对手识别方法来获取酒店企业的主要竞争对手，以及酒店企业属性特征在不同细分市场中的重要性，并可视化展示了酒店企业及竞争对手的优劣势。从携程平台上收集了中国 50 个城市6409 个酒店企业的 500 多万条在线评论信息，以验证基于 T-K-KNN 的竞争对手识别方法的精准度和适应性。本书提出的 T-K-KNN 方法为大数据环境下的竞争对手识别提供了一定的方法借鉴。

（2）基于上述竞争对手识别方法，进行数据集中所有酒店企业竞争对手的识别，探究竞争对手的在线评论信息对焦点酒店企业产生的负向溢出效应，以发现竞争商务知识。大多数研究探索了单一酒店企业在线评论信息所具有的经济效益，却忽视了从竞争对手的视角研究相关酒店企业在线评论信息的相互作用。本书利用线索诊断理论和前景理论明确了竞争对手在线评论信息影响顾客对焦点酒店企业产品或服务感知的作用机理，并通过一阶差分模型实证分析了竞争对手的在线评论信息对焦点酒店企业产生的负向溢出效应。

而且不同于以往的研究使用焦点酒店企业自身特征、产品特征或者顾客特征作为调节变量的做法，本书将竞争对手在线评论信息的特征，如竞争对手点评分的可信度、竞争对手点评分的离散度作为调节变量，证实其能够缓解或加剧负向溢出效应。研究结论有助于酒店管理者有效地进行差异化在线评论信息管理，更好地理解和洞察开放性在线评论信息的竞争作用机理。同时，本书在一定程度上弥补了现有研究的不足，拓展了在线评论信息的研究范围。

（3）在深入理解相关酒店企业的在线评论信息相互作用的机制基础上，为了提高焦点酒店企业的吸引力，本书基于竞争对手与焦点酒店企业的在线评论文本信息，提出了一种基于 L–L–CNN 和 SNA 的酒店企业服务需求差异化分析方法。针对顾客的在线评论文本信息具有长度短、口语化和碎片化、单条评论的语义稀疏等问题，本书设计了基于 L–L–CNN 的特征提取方法，将粗粒度的主题特征和细粒度的语义特征相结合，并利用卷积神经网络进行分类训练，从评论文本信息中快速提取出顾客关注的热点属性特征，为酒店企业构建有效的服务需求。L–L–CNN 特征提取方法解决了以往特征模型表征能力弱、泛化能力差等问题，为短文本特征提取提供了一定方法借鉴。另外，根据服务需求的共词网络，利用 SNA 方法建立服务需求共词网络的社会网络结构图谱，分析酒店企业与其竞争对手在不同情感倾向下的网络图谱差异及社会网络特征，酒店企业服务需求的优劣势得到更细粒度的评估，有助于管理者更深层次了解顾客需求，科学地制定差异化运营和服务改进策略，使酒店企业在竞争激烈的市场中保持优势地位。

第 2 章　理论基础与文献综述

2.1　在线评论信息相关研究

在线评论信息是顾客对购买产品或服务的体验评价，是网络口碑最重要的一种形式（Litvin 等，2008）。与传统的广告、商家提供的信息或第三方机构提供的信息相比，在线评论信息能更有效地影响顾客的购买行为，具有非常重要的商业价值（Wu，2015；Mathwick 和 Mosteller，2017；Borges 等，2021）。在全球范围内进行的几项调查显示，92%的顾客将在线评论信息作为在线购物的参考，93%的顾客在购买决策中花费超过 1 分钟的时间阅读在线评论信息（Murphy，2019），每个顾客大约会查看 112 条评论信息（Clement，2019）。而且 91%的顾客认为，在线评论信息如同个人推荐一样值得信任，作为影响顾客购买行为的重要因素，近年来，在线评论信息一直是学术界的一个重要研究主题（Xie 等，2016；Smironva 等，2020）。很多研究发现，在线评论信息对品牌形象（张洁梅和孔维铮，2021）、产品选择（Zhang 等，2020；高鸿铭等，2021）、顾客态度（王楠等，2021）、购物决策（Maslowska 等，2017）以及销售（Chevalier 和 Mayzlin，2006；Li 等，2019）有着重要的影响。而且在线评论信息在很多领域得到了探索和应用，特别是在服务业。服务行业提供的是一种体验型产品，与具有易于分类和评估的搜索型产品相比，度量体验型产品的"优秀"或"糟糕"往往很难，因此在线评论信息为顾客评估产品或服务质量提供了参考依据。越来越多的领域对在线评论信息进行深入探究，如书籍领域（Chevalier 和 Mayzlin，2006；Ye 等，2009；Chakraborty 和 Biswal，2020）、电影领域（Duan 等，2008；Souza 等，2019；Wu 等，2021）、网络游戏领域（Zhu 和 Zhang，2010；Pan 等，2013；Jang 等，2021）、餐馆领域（Kim 等，2016；Gao 等，2018；Luo 和 Xu，2021）和酒店领域（Gavilan 等，2018；Filieri 等，2019）。

在线评论信息呈现的形式是多样的，包括结构化的数据类型和非结构化的数据类型。其中，结构化的数据类型是指数字型的在线评论信息，如点评分、评论数量和离散度，它们一直是现有研究的重点（Moe 和 Trusov，2011；Hu 等，2014；Lee 等，2020）。非结构化的数据类型包括评论文本信息、图片和视频等。目前，评论文本与图片受到较多关注（Ibrahim 和 Wang，2019；Zhang 等，2022）。从在线评论信息相关研究来看，在线评论信息的维度构成主要包括评论内容、评论者特征、产品特征、顾客特征、平台（企业自建或第三方提供）、搜索排名及搜索日志等。

作为带来潜在顾客直观感知的评论内容，其特征涵盖点评分、评论数量、离散度、评论文本长度、评论文本特征数量和评论内容质量或有用性等。点评分表明了顾客对某种产品或服务的喜爱程度。一般来说，高点评分对顾客的购买意愿具有积极影响。相对于低点评分，高点评分意味着顾客的高满意度。然而在电影行业，点评分极高或极低都对顾客的购买决策有正面影响。评论数量则反映着商家和顾客的总体互动效果。大量的研究证实，评论数量与企业的销售和顾客选择（Ye 等，2014；Lu 和 Elwalda，2016）、忠诚度（Tran 和 Strutton，2020）、信任度（Subramanian 等，2014；Wang 等，2022）、品牌形象（Nam 等，2017；Ray 等，2021）等相关。在线评论信息的离散度则表现了顾客对产品或服务评价好坏的程度。Sun 等（2017）研究大众市场和利基市场的差异时指出，在线评论离散程度较高的产品容易在利基市场受到欢迎，当平均星级较低时，在线评论离散度对图书销量排名具有正向影响；当平均星级较高时，网络口碑离散度对图书销量排名的影响则显著为负。Lee 等（2020）以 516 种 DVD 产品为研究对象，在探讨在线评论信息的有用性时发现，当点评分较低且在线评论离散度较低时，在线评论信息的有用性降低，而且对潜在顾客的购买决策有负向影响；当在线评论离散度高时，潜在顾客阅读在线评论信息的动机增加，在线评论信息的有用性提高，而且对顾客购买意愿产生较大的影响。Mudambi 和 Schuff（2010）研究发现，用户的评论文本越长、包含的产品特征以及信息量越多，越能降低顾客感知产品服务的不确定性，评论越有参考价值。同时，对于不同类型的产品，评论长度对顾客购买意愿的影响不同。评论内容的质量一般和评论信息的有用性结合在一起来说明在线评论信息的作用。Eslami 等（2018）提出了一个解释在线评论信息有用性的理论模型，通过实证发现，在线评论文本长度是预测评论信息有用性时最有效的影响因素。而 Lutz 等（2022）认为，尽管以前的大量文献表明，较长的在线评论比较短的评论更有用，但是这种情况应该和评论的内容结合一起，如当评论较长但评论内容的情感倾向时而正向时而负向时，这样的长评论对顾客的购买决策影响不大。

关于评论者特征的研究，Jabr 和 Zheng（2014）基于亚马逊网的图书评论认为，意见领袖的在线评论影响力更大。Filieri 等（2019）研究什么因素会调节极端点评分对商家的影响时发现，评论长度很长、评论容易阅读或评论者是专家时，负面评论对顾客感知企业的产品或服务更有帮助。Luo 等（2021）使用豆瓣网上 20 部电影的 8953 条评论实证分析在线评论特征（评论长度、点评分和评论发表时间）和评论者特征对评论有用性投票的影响，研究结论表明，拥有较多追随者和经验更丰富的评论者的在线评论有用性投票容易受到在线评论特征的影响。

关于产品特点的研究，Hu 等（2016）分析了在线产品评论感知有用性的影响因素，并比较了不同类型产品的影响差异。Li 等（2020）针对不同类型的产品进行数据验证时发现，产品类型在评论极性与评论有用性的关系中具有调节作用。Kim（2021）基于产品质量角度，分析了品牌和评论对团购网站商品销量的影响，基于实际数据的分析有力地说明了顾客社会学习行为对产品销量具有显著影响。

关于评论文本内容的研究，Korfiatis 等（2019）认为，顾客的非结构化的在线评论信息与结构化的在线评论信息存在一定的差异，例如，评论文本信息包含着顾客深刻具体的想法和详细的产品体验，这些可能是某些产品成功或失败原因的有力解释，更有助于企业了解顾客的偏好以及其产品或服务在市场上的竞争力。在线评论信息的文本评论内容在顾客购买决策中也起着重要的作用。Tsai 等（2020）指出，与量化的顾客点评分相比，评论文本内容更具有影响力。有研究认为，将复杂的顾客评论压缩为一个量化评分，假定产品或服务质量只有一个维度是不合理的。顾客偏好表现出高度的异质性，单一的量化数字不能表达顾客真正的态度和意见。

关于产品特点的研究，Mudambi 和 Schuff（2010）分析了在线产品评论感知有用性的影响因素，并比较了不同类型产品的影响差异。Luo 等

（2021）对不同类型的产品进行数据验证时发现，产品类型在评论极性与评论有用性的关系中具有调节作用。Shamim 等（2021）从产品质量角度分析了品牌和评论对团购网站酒店销量的影响，基于实际数据的分析有力地说明了顾客社会学习行为对产品销量具有显著影响。游浚等（2019）以亚马逊网的2213 条商品评论为研究对象，发现体验型产品的点评分、评论者特征对评论有用性的影响强度大于搜索型产品。

关于平台的研究，大量有关电子商务平台的研究表明，信息的质量、交互性、可导航性以及安全性等是影响电子商务网站成功的关键因素（Kim 等，2008）。Hussain 等（2021）在研究社交类电子商务平台的特征对顾客购买意愿的影响时指出，平台的交互性、在线评论信息和评级具有通过心理契约转变为顾客购买意愿的潜力。冯坤等（2021）基于在线评论和随机占优准则对生鲜类电商平台上的顾客满意度进行测评，发现不同生鲜商品类别中顾客满意度影响因素的重要性排序是不同的。汪旭晖和王东明（2020）通过跨文化调研和实验室实验方法揭示了电商平台治理策略对顾客信任的影响，结果显示，平台型电商企业采用市场服务策略更能提升顾客的信任；而相比于市场服务策略，平台型电商企业采用企业规制策略时则更能提升顾客的善意信任。

关于搜索排名及搜索日志的研究，搜索引擎记录的查询活动反映了用户的兴趣与意图，相当多的研究人员探讨了搜索日志数据与不同类型的社会/商务现象之间的关系。Chen 和 Yao（2016）利用顾客点击流数据构建优化搜索引擎的模型，结果显示，搜索引擎优化工具可以增加 34% 的搜索量，能够显著影响顾客的预订行为和市场竞争结构。Ye 等（2022）利用在线评论信息识别酒店企业竞争对手时发现，不同细分市场下，酒店的搜索排名对顾客的购买决策产生影响的程度不同。Kwark 等（2021）利用用户的点击流数据研究了在线评论的溢出效应对产品销量的影响。还有一些研究证实了搜索日志是企业进行广告宣传的重要依据，企业根据搜索日志提升企业产品的互联网营销效果（徐杨等，2018；Sun 等，2019）。

综上所述，在线评论信息对顾客行为和企业经济效益有着重要的影响。因此，本书依据研究内容从四个方面梳理在线评论信息相关研究，即在线评论信息与销售业绩、在线评论信息与商务智能、在线评论信息与溢出效应、在线评论信息与服务改进。

2.1.1　在线评论信息与销售业绩

当顾客在线购买产品或服务时，在线评论信息已经成为顾客了解产品或服务质量不可或缺的信息来源，是产品销售业绩的驱动力。一方面，在线评论信息为顾客提供有价值的购买决策信息（Singh 等，2022）。另一方面，好评数量多的供应商可以从平台上吸引更多的顾客，其产品销售量要多于那些好评数量少的供应商。现有的研究对在线评论信息如何影响产品销售进行了一系列的探索。在线评论信息对产品销售影响的研究聚焦于点评分、评论数量、离散度和文本评论以及其他要素的联合效应。Torres 等（2015）和 Ye 等（2009）发现，在线评论信息数量对在线酒店预订有积极影响。Jang 等（2021）指出，在线评论信息数量对酒店企业收入有显著影响。有研究发现，评论数量与酒店的客房平均实际营业收入（RevPar）、客房入住率之间存在正相关关系。大量的研究证实了较多数量的在线评论会带来较好的商业表现（Chevalier 和 Mayzlin，2006；Liu，2006；Duan 等，2008；Zhu 和 Zhang，2010；Kim 等，2016）。点评分是顾客对产品或服务的总体评价，传达着顾客对产品或服务表现出的情感态度，有正面的、中性的和负面的。研究表明，顾客点评分会影响企业绩效，顾客的正面评论信息会增加企业的产品销量，而负面的在线评论信息会降低企业收入（Chevalier 和 Mayzlin；2006；Blal 和

Sturman，2014)。正面的评论可以提高企业的声誉，而负面的评论会降低顾客对企业产品或服务的兴趣，从而影响企业的利润。Sparks 和 Browning（2011）认为，酒店企业的总评分会影响潜在顾客的评估和信任，从而影响预订意愿。Ye 等（2009）研究发现，积极的在线评论信息可以显著增加酒店企业的预订量。在线评论信息的评分星级每提高 10%，销量最高可提高 5%。可以根据酒店的顾客点评分预测 RevPar。有研究发现，在线客户评级每增加 1%，伦敦的每间房间销售额会增加 2.62%。有学者对罗马 346 家酒店进行研究发现，顾客点评分每增加 1 分，酒店入住率就会增加 7.5%。

由上可知，点评分和评论数量不同程度地影响着顾客的购买决策，进而影响产品的销量。然而，它们对产品销量影响的结论并不总是一致的（Chevalier 和 Mayzlin，2006；Hu 等，2008；Duan 等，2008；Chintagunta 等，2010；Li 等，2019）。Duan 等（2008）认为，在线评论数量对电影票房收入有正向影响。而 Chintagunta 等（2010）研究发现，只有在线点评分能影响电影票房的收入。有学者指出，无论顾客的在线点评分是高还是低，在线评论信息数量都会对房间入住率产生积极影响。理解这些相互矛盾结论的关键在于分析顾客在购买时是如何处理在线评论以及其他相关信息的。正如 Hu 等（2008）所认为的，影响产品销量的因素往往是很多信息的综合，而不只是评论数量和点评分，还有品牌、产品类型、搜索排名等。而且点评分和评论数量可以看作产品质量的表现，影响顾客对效用函数中关键因素（品牌、质量、价格、价值和产品属性）的感知，而这些因素反过来又影响产品的销售。此外，Wu 等（2021）研究发现，在线点评分离散度对不同类型顾客的影响不同，放纵型顾客倾向于采用点评分离散度高的评论信息，而约束型顾客更倾向于采用点评分离散度低的评论信息。Li 等（2020）指出，在影视业中，在线点评分的离散度能够调节顾客负面评论对票房的影响。

除了点评分、评论数量和离散度等这些量化的在线评论信息，在线评论文本信息在影响产品销量中发挥着重要的作用。Tsai 等（2020）指出，与量化的在线评论信息相比，文本信息内容更具有影响力，通过对文本信息内容的主题、情感以及属性特征之间关系的分析，可以获得某些产品成功或失败的原因。潜在顾客在做出购买决策之前会阅读评论文本信息，它在影响顾客的购买决策方面具有举足轻重的作用。Hu 等（2014）指出，点评分通常具有双峰性性质，即点评分要么极高要么极低。点评分数值缺乏合理的变化，常常使它们无法反映所评估产品的真实质量和价值，从而削弱了它们作为购买决策的唯一决定因素的作用（Ghose 和 Ipeirotis，2012；Tsai 等，2020）。近年来的研究开始更多地关注在线评论文本信息。在线评论文本信息以更详细的方式表达客户体验以及对产品或服务的兴趣、满意度和需求，可以更准确地反映客户的意见。有学者在研究评论文本信息对销量的影响时发现，丰富的文本评论内容（评论字数和评论质量）在建立顾客对商家的信任方面起着重要作用。在线评论文本信息是有效衡量服务提供商提供服务质量的一个维度，从评论文本信息中提取出与企业经济效益有关的质量指标，可以帮助企业预测未来的销量。

另外，在线评论文本信息反映的情感倾向不仅是先前顾客的体验和认知评估，也为潜在顾客的认知提供有用的信息线索（Li 等，2019），而且还作为一种情绪传染，将积极或消极的情绪传染给潜在顾客。一些研究从不同的角度论证了在线评论文本信息情感极性对产品销售的影响。Jabr 和 Zheng（2014）认为，在竞争激烈的市场环境中，评论者的特征影响产品的销售排名。Fan 等（2017）和 Singh 等（2022）发现，在线评论信息中表达的情感极性对企业的销售业绩有着重大的影响。Ludwig 等（2013）指出，在线评论的情感极性影响产品订单的转化率。Ketelaar 等（2015）研究表明，具有极高或极低点评分的在线评论文本信息对顾客的购买意愿有着较大的影响。

通过以上文献论述可以得知，在线评论信息对企业销量业绩有着重要的影响。而产品的销量高意味着企业在市场中具有竞争优势，有较强的竞争力。本小节对在线评论信息与销售业绩关系的相关文献进行分析整理，是为了更好地理解在线评论信息从不同维度影响企业的销量，进而对企业的竞争力产生影响，有助于更好地理解第 3 章的相关内容。

2.1.2　在线评论信息与商务智能

商业环境的日益复杂化，迫使企业对变化的环境做出快速反应，并对经营方式进行革新。这就要求企业管理者反应灵敏，能够果断快速地在战略及运营层面做出决策。决策的制定需要大量相关数据、信息和知识的支持，而商务智能就是将企业中现有的数据转化为知识，帮助企业做出明智经营决策的方法和技术。在如今以互联网及新兴科技为支撑的电子商务时代，企业所处环境的一个重要特点就是涌现出了大量可访问的顾客数据，如在线评论信息，这些数据（如信息搜索、购买咨询和体验后评价数据）贯穿于企业活动的各个环节，具有很强的商业价值（田歆等，2017；Antons 和 Breidbach，2018）。因此，电子商务平台上开放的、海量的在线评论信息，为企业进行商务智能管理提供了高时效、低成本的数据来源，更带来了新的商机和挑战（Algesheimer 等，2011；Borges 等，2021）。事实上，通过人工处理的方式获得有见解的建议，通常效率低下而且难以快速应对市场变化，故而企业需要利用商务智能分析处理这些海量的外部数据，实现信息与业务的融合，以便更好地掌握顾客的需求偏好，以此来获得市场竞争优势。商务智能利用机器学习、自然语言处理和数据挖掘等计算机技术进行数据分析来揭示数据内在的复杂关系，抽取有价值的知识和规则以实现商业价值。其中，机器学习是通过数据训练获得经验，重新组织已有的知识结构使自身性能不断改善的一门方法和技术。数据挖掘是通过算法从大量的数据中挖掘其中隐藏的有价值信息的过程，它与计算机科学相关，并通过统计学、机器学习和数据库技术等实现上述目标。而自然语言处理技术将非结构化数据（文本和图像等）转换为结构化数据，从而增强机器学习算法的分析能力。与传统的内容分析方法不同，商务智能分析主要是数据驱动的，其主要目的是通过构建有效、稳健的模型来智能识别在线评论信息中隐藏的趋势、模式或相关性（Larson 和 Chang，2016；王安宁等，2020）。

在过去的十几年里，基于在线评论信息，一些研究人员利用数据挖掘、机器学习、自然语言处理和计算机科学等设计与开发出一些商务智能技术与方法。例如，基于顾客评论信息的推荐系统，通过分析在线评论信息，提取相关产品或服务属性以帮助企业捕捉顾客偏好、提升智能推荐效果（Chen 等，2017；Pathak 等，2010）。其中，研究人员设计了不同的文本分析方法与意见挖掘技术以提取评论数据中不同的元素，包括相关的话题结构、口碑意见的多维特征、情境信息、顾客情感倾向等，它们有助于刻画用户画像和辅助描绘产品信息，并将其嵌入到基于内容的推荐算法、协同过滤技术、基于偏好的产品推荐中（Islek 和 Oguducu，2022）。Tran 和 Strutton（2020）利用跨平台的多源在线评论信息设计开发了广告关键词智能推荐方法，大大提升了商家的互联网营销效果。基于在线评论信息的商务智能还涉及顾客偏好洞察、产品竞争分析、品牌管理和产品创新等多个方面。例如，有学者对顾客的文本评论进行情感极性分析，从文本评论中提取特征观点，发现顾客需求偏好，帮助企业增加销量、提高顾客满意度。Guo 等（2021）结合文本评论及评论量化评分，利用数据挖掘方法识别出产品的特征维度，发现这些特征维度在不同顾客群体及不同产品等级中具有差异性。还有学者采用文本挖掘技术和网络分析工具，提取在线评论信息中有关产品的属性特征，从顾客的视角理解产品的竞争市场结构。Xia 等（2019）以香港酒店为例，利用基于在线评论点评分的概率分布和基于 EMD 的自动评估技术来评价多个品牌的酒店企业竞争力。Schweidel 和 Moe（2014）考虑产品与信息来源差异等特点，具体而详细地刻画了市场上顾客所表现的品牌情绪，为企业进行品牌管理提供了指导性的建议。Guo 等（2022）提出了一个基于主题模型的品牌分析框架，从在线评论信息中抽取顾客满意的产品特征，并实时可视化显示产品特征的动态演化，进而帮助商家实时跟踪、了解顾客对产品的意见与态度。在线评论信息包含着大量产品的使用和体验反馈，为企业的产品设计创新提供指导。虽然并非所有顾客的建议都是可行的，但实验表明，考虑顾客信息反馈的产品设计比在实验室进行的产品设计更优秀（Antons 和 Breidbach，2018）。Zhang 等（2021）认为，以顾客驱动进行产品的自动创新，能够实时满足顾客偏好，进而提高顾客满意度和保障企业在市场中的竞争优势。Antons 和 Breidbach（2018）基于在线评论信息建立用户体验自动提取模型，以支持以用户为中心的设计活动。

上述研究从不同角度对在线评论信息在推荐系统、情感检测、广告营销、品牌管理和产品创新等多个领域的商务智能应用进行探索。但这些还远远不够，一些潜在的问题还没有得到充分挖掘。例如，这些研究大多是从产品或品牌的视角分析在线评论信息，而忽略了从竞争的视角挖掘商业知识，这也是当前的研究不足之一。特别是在酒店行业，利用在线评论信息进行竞争商务分析的研究还较少。在线评论信息正以一种竞争的方式改变商业环境，Pelsmacker 等（2018）指出，在线评论信息的数量、点评分和价格反映了服务提供商的营销竞争策略，并对其在市场中的表现产生影响。电子商务平台作为一种方便可靠的搜索和交易渠道，使酒店企业的竞争变得复杂。例如，智能推荐算法分散了顾客的注意力，使酒店企业的在线竞争和智能推荐算法紧密相关。面对复杂的竞争市场，酒店企业要有快速的反应，提供优于竞争对手的产品和服务才能获得竞争优势，因此，识别竞争对手是酒店企业进行市场评估、竞争策略制定以及服务改进的第一步。开放的在线评论信息为酒店企业设计开发竞争对手智能识别方法提供了新的视角和数据来源。然而如何利用在线评论信息来识别竞争对手，却没有系统的指导方法（Rapp 等，2015；Anton 和 Breidbach，2018；Köseoglu 等，2020）。基于此，本书借鉴了统计学知识和机器学习等计算机相关学科知识，为管理者提供了一个有效的商务智能方法来识别酒店企业的主要竞争对手，使其能够监测市场偏好、确保服务质量，并科学地制定有效的运营策略。

2.1.3　在线评论信息与溢出效应

溢出效应是指一个企业的信息不仅影响企业自身的经济活动，而且对其他组织的经营活动也有影响。竞争对手信息对顾客购买焦点产品产生的影响在一些研究中得到了证实。例如，有学者探讨了品牌危机对新兴市场中未受影响的竞争企业财务价值的溢出效应。还有学者研究了食品危机对竞争对手品牌的横向和纵向互惠溢出效应，结果发现，相较于低资产品牌，高资产品牌之间的负向溢出效应更强、关联强度高。Liu 和 Varki 研究产品召回如何影响召回公司竞争对手的市场价值，结果发现，产品可靠性高的企业召回产品会损害其竞争对手的市场价值，而竞争对手的产品可靠性会缓冲或减弱这种溢出效应的负向影响。然而，针对竞争对手在线评论信息产生溢出效应影响的研究还相对缺乏（Chae 等，2017；汪涛和于雪，2019；Kwark 等，2021）。

有少量的研究表明，在线评论信息产生的溢出效应是存在的。例如，Peres 和 Van den Bulte 研究发现，一个独占垄断性企业不能从竞争对手的正面口碑产生的外部性效应中获益，然而当顾客对价格不敏感时，企业放弃专营权会使企业可以从竞争对手的正面口碑中获益。Kwark 等（2014）在研究在线评论信息对零售商和多个制造商的影响差异时，将在线评论信息视为额外信息，以减轻产品质量及其是否符合顾客需求的不确定性。研究结果表明，质量信息使顾客对两种产品效用的感知同质化，加剧了上游制造商的竞争，这对零售商有利，但对制造商不利。适合的信息使顾客对两种产品评估的异质化增强，减弱了上游制造商的竞争，这对零售商不利，但对制造商有利。Chae 等（2017）提出了种子用户口碑传播效果的溢出效应框架，利用 192 个不同品牌的化妆品的 390 个种子用户的数据验证种子用户的口碑可以在焦点产品、品牌和产品类别层面上引发各种溢出效应。而且，这些溢出效应的大小各不相同，其中，焦点产品溢出效应最大，品牌溢出效应最小。特别是种子用户的口碑能够提高更多非种子用户的口碑，而且可以在品牌和类别层面上削弱竞争对手的口碑。Kwark 等（2021）利用一家大型零售商的点击流数据研究互补或者替代品的在线评论信息对顾客购买焦点产品所产生的溢出效应，并发现媒体渠道、品牌、顾客体验能够增强或减弱这种溢出效应。

因此，面对同质化竞争激烈的市场环境，分析竞争对手在线评论信息对焦点酒店企业的负向溢出效应是非常有意义的。在线评论信息的影响效果不能孤立地考虑，需要深入探索在线评论信息与竞争产品的相互作用，以便正确评估在线评论信息对不同主体的影响。不同于以往研究中将焦点酒店企业自身特征作为调节变量，本书将竞争对手的相关特征作为调节变量来探究竞争对手在线评论信息对焦点酒店企业负向溢出效应。通过实证检验分析，有利于酒店企业更好地理解在线评论信息的竞争机制和更好地进行差异化的在线声誉管理。

2.1.4　在线评论信息与服务改进

随着社交媒体的不断发展，在线用户生成的信息具有成本低、易于获取和及时更新的特点，已被视为企业进行营销的一个重要数据源（Antons 和 Breidbach，2018；Gao 等，2018；Goldberg 和 Abrahams，2022）。很多研究已经开始利用在线评论信息分析服务属性特征与消费者满意度之间的关系，这些研究为企业管理者在大数据背景下制定有效的服务改进策略提供了参考（Macnamara 和 Zerfass，2012；Bello‐Orgaz 等，2016；Li 等，2018；Cheng 等，2019）。有学者认为，企业可以通过评论信息捕捉顾客的情感体验，帮助企业识别潜在的问题，制定吸引或留住顾客的方案（Heller Baird 和 Parasnis，2011；Kumar 等，2016；Yang 等，2021）。He 等（2016）研究发现，企业通过在线评论信息来识别顾客的需求，可以快速有效地满足顾客需求。Wang 等（2018）认为，企业管理者通过对在线评论信息进行深入分析，可以对产品或服务流程进行全面理解，更有效地评估竞争环境，并及时回应顾客的反馈。因此，在线评论信息有助于企业评估自身产品的优劣势，改善运营管理和提高顾客满意度（Zhan 等，2020；Guo 等，2021）。

在信息技术发达的今天，顾客不是产品的被动买家，而是积极的参与者，他们通过在线评论信息，直接或间接地控制着企业的未来发展方向。特别是，在线评论信息改变了企业与其他竞争对手的关联方式，为企业的营销、运营、创新管理和财务绩效等各个方面带来机遇与挑战（卞亦文等，2019；赵宇晴等，2020；Zhang 等，2021）。一些研究表明，与其他企业相比，利用在线评论信息分析整合资源，制定战略目标的企业在市场上更具有竞争力（Köseoglu 等，2020）。Kim 等（2016）和 Chen 等（2017）指出，利用在线评论文本信息可以预测企业在市场销售方面的表现，评估其产品或服务在市场环境中的竞争力（Köseoglu 等，2021；Ye 等，2022）。通过与竞争对手的对比，企业可以很快弥补劣势、突出优势，这样企业可以从更多的视角来改善和增强顾客对其产品或服务的体验（Srinivas 和 Rajendran，2019）。

鉴于此，本书基于酒店企业和竞争对手的在线评论文本信息，通过 L-L-CNN 主题识别方法提取出顾客关注的热点主题和属性特征，并基于属性特征词之间的共现关联性，构建共词网络，采用社会化网络分析法可视化展示不同情感极性下酒店企业与竞争对手在服务主题和属性特征上的差异，这样酒店企业的优劣势得到更细粒度的评估，研究结论有助于管理者从竞争对手在线评论信息中获取商业价值，科学地制定差异化运营和改进服务策略，使酒店企业在竞争激烈的市场中保持优势地位。

2.2　竞争对手相关研究

伴随着市场竞争环境的复杂化、客户需求的多样化，酒店企业要提供优于竞争对手的产品或服务以获得竞争优势（Lee 等，2017；Ye 等，2022）。企业管理者必须密切关注外部环境和竞争对手的动态变化，不断分析竞争对手、买家、供应商和替代产品或服务提供商等在行业中的地位，以调整竞争战略和运营决策，获得可持续的竞争优势（Porter，1979；袁靖波等，2019）。管理者开发和利用各种分析方法以识别主要竞争对手、分析竞争优劣势以及企业自身在行业中的位置（Li 和 Netessine，2012）。识别竞争对手是市场评估、服务改进和战略发展的必要前提（Peteraf 和 Bergen，2003；Cantallops 和 Salvi，2014；Nair，2019），其准确性也将影响酒店企业竞争分析的过程，进而影响酒店企业竞争战略的制定。竞争对手识别是影响企业生存和发展的重要因素，因此很多学科学者对其进行了持续的研究，包括管理、营销和产业组织经济学（Wu 和 Olk，2014）。本书从竞争对手识别视角和竞争对手识别方法两个方面去阐述。

2.2.1　竞争对手识别视角

服务业的竞争被广泛认为是复杂而动态的（Du 等，2015；Nam 等，2017）。产业组织经济学、市场营销学和战略群组领域的研究认为，企业可以通过供给端和需求端客观属性的相似性来识别竞争对手，这样就形成了焦点企业和顾客两种竞争对手识别视角（Clark 和 Montgomery，1999；Peteraf 和 Bergen，2003）。Chen 等（2017）认为，企业管理者能够依靠主观认知解释战略行为的额外变化。竞争对手识别的研究逐渐从客观指标跨越到竞争认知，不同的利益相关者会按照自身的期望和侧重点去定义竞争对手。Ng 等（2009）指出，即使同一价值链上的焦点企业、竞争对手和顾客对竞争对手的认知也是各不相同的，不同的利益相关者对竞争的解释不同。有研究发现，企业管理者在制定竞争战略时需要对竞争对手集合作出不断的调整以便得到准确的识别。对竞争对手的认知不一致是天然存在的（Chen，1996），而忽视这种差异性，可能会导致错误识别竞争对手，低估竞争对手的威胁。因此，为了能准确而全面地进行竞争对手识别，本书从三个不同的角度来梳理竞争对手识别相关研究，即焦点企业、竞争对手和顾客。表 2-1 总结了关于竞争对手识别的视角。

表 2-1　竞争对手识别的视角

视角	描述	方法	发现	参考文献
焦点企业	市场的共同性和资源的相似性	调查问卷、Logit 模型	企业独特的资源禀赋和企业能力导致竞争不对称	Chen, 1996
		调查问卷、回归模型	以专利数据衡量的创新绩效是竞争对手的一个重要属性（在技术领域）	Rhee 和 Yang, 2015
		调查问卷、回归模型	竞争对手企业的规模、成功和威胁行为是重要的属性	Clark 和 Montgomery, 1999
		调查问卷、聚类分析	地理位置、规模经济和声誉是竞争对手的重要属性	Ng 等, 2009
竞争对手	了解竞争对手的想法并预测他们可能会做什么	调查问卷、数学模型	预测竞争对手对焦点公司行动的猜测有助于改进企业战略和业绩	Amel 和 Rhoades, 1988
		调查问卷、回归模型	评估竞争对手的商业敏锐触觉有助于焦点企业超越竞争对手	Tsai 等, 2011
		调查问卷、回归模型	监视竞争对手可以帮助焦点企业推出更多创新的产品	Katila 和 Chen, 2008
		客观数据、回归模型	竞争对手的研发强度会影响焦点企业的生产活动	Chen 等, 2017
顾客	竞争对手就是提供相同或类似的产品或服务，并且能够满足顾客需求的企业	调查问卷、回归模型	顾客需求视角识别确定了更广泛的竞争对手（直接和间接竞争对手、潜在的竞争对手），竞争边界是模糊的	Sidhu 等, 2000
		调查问卷、回归模型	顾客需求视角竞争分析可以减少盲点	Baum 和 Lant, 2003
		客观数据、机器学习	分析餐饮行业的在线评论信息，识别竞争对手	Wang 等, 2018
		客观数据、机器学习	在线评论信息可以用来识别和比较竞争对手	Gao 等, 2018

　　以焦点企业的视角进行竞争对手识别，其关注的核心是企业的属性和管理者的认知。在这种视角下，战略群组领域的研究依据企业战略属性的相似性将同一行业的企业划分为不同的战略群组，群组内的企业互为竞争对手。Chen（1996）认为，基于竞争企业的市场共同性和资源相似性进行焦点企业与竞争对手的比较，可以发现焦点企业与竞争对手的优劣势，进而能够预测

未来的竞争强度和企业行动。Desarbo 和 Grewal（2007）对不同的资源对竞争对手识别的影响进行了研究，发现竞争性市场结构本质上是不对称的。例如，一个高市场份额的企业可能不会将一个小市场份额的企业作为竞争对手，而后者可能会选中前者作为竞争对手。很多研究就是在此基础上进行竞争对手识别的（Gur 和 Grechamer，2019；Hatzijordanou 等，2019）。Baum 和 Lant（2003）研究发现，企业的规模、地理位置、价格等属性通常被管理者利用，以识别竞争对手。Ng 等（2009）通过聚类分析，认为地理位置、经济规模和声誉是影响竞争对手识别比较重要的属性。Rhee 和 Yang（2015）认为，企业之间专利数据的耦合程度能够为企业提供技术竞争情报，并可以作为竞争对手识别的依据。Peng 和 Liang 以智能手机行业为例，探讨了主导设计的出现对企业识别潜在竞争对手的影响。Aldiera 等通过设计优化的模型对比焦点企业与竞争对手在产品属性上的差异，发现拥有更多产品和跨地理范围的企业会识别更多的竞争者。从管理者的认知来看，竞争对手识别是一个认知分类过程（Clark 和 Montgomery，1999），企业管理者按照经验和认知对相关竞争对手进行分类及区分。Mohammed 等（2014）以香港酒店为研究对象，从组织身份的视角进行竞争对手识别。有学者研究管理者对外部环境的认知将如何影响竞争对手识别时发现，当管理者感知到的外部环境不确定性较高时，竞争者识别的意愿和能力受限，会识别更少的竞争对手。Krieger（2021）认为，生物制药企业中的很多研发项目的继续开展受很多不确定性因素的影响，然而竞争对手研发产品失败的新闻报道能够削弱不确定性因素对焦点生物制药企业项目的影响。Hatzijordanou 等（2019）认为，管理者会依据目标企业给自身组织身份带来的威胁程度，通过贴标签和排序的方式识别竞争对手。

尽管焦点企业的视角被广泛接受，但是，将同一行业中的企业视为竞争对手而忽视企业个体层面的差异是不合理的。而且，在焦点企业视角下进行竞争对手识别时，容易忽视客观属性有差异但同样能满足顾客需求的相关企业，这样的相关企业之间存在互补的竞争关系。而且由于短视和竞争盲点，管理者的主观认知可能导致错误识别竞争对手，低估竞争对手的威胁。

竞争对手的视角侧重于评估竞争对手的设想和意图，并预测它们可能采取的行动给焦点企业造成的影响。竞争对手的视角要求焦点企业识别竞争对手后，还要进一步了解竞争对手的当前战略和未来目标，以及企业自身应对竞争对手行为的能力和优先事项假设。因此，从竞争对手视角出发有助于焦点企业识别竞争对手带来的威胁并采取适当的行动，以获得市场竞争优势。Chen 等（2012）认为，为了完善企业的经营战略和提高业绩，管理者应该预见到竞争对手针对焦点企业采取行动的模式，掌握竞争对手的市场行为能给焦点企业带来机会。Tsai 等（2011）认为，从竞争对手视角去识别并评估竞争对手的商业敏锐触觉有助于焦点企业超越竞争对手。事实上，竞争对手的公开信息（如特征、财务报表和未来计划）可以有效地为焦点企业的产品战略提供情报。Chen 等（2017）发现，竞争对手的研发强度会影响焦点企业的生产行动。Ibrahim 和 Harrison（2020）利用联立方程模型评估汽车行业竞争对手行为对焦点企业营销策略的影响，为焦点企业应对竞争市场提出了相关的对策建议。Arias-Pérez 等（2021）从竞争对手的视角出发，发现产品创新有助于焦点企业获得市场竞争优势。

顾客的视角是指基于用户的态度和行为识别竞争对手，企业提供相同或相似的产品或服务，并且能够满足顾客的需求时，这些企业就互为竞争对手。Sidhu 等（2000）认为，基于顾客视角识别出的竞争对手集合比较大，甚至可能跨越不同的行业，这一集合包含的不仅有直接竞争对手，还有间接竞争对手和潜在竞争对手，因此竞争边界是模糊的。然而，作为最终购买和交易的执行者，顾客才是竞争的真正仲裁者。从顾客的视角识别竞争对手可以减少盲点、短视和竞争不对称的不利影响（Ng 等，2009；Kim 等，2011）。例如，在电子商务背景下，Li 和 Netessine（2012）使用顾客的点击流数据和在线搜索数据来识别竞争对手，并进一步分析焦点酒店企业竞争的强度，发现每家焦点酒店企业平均有 6~8 个竞争对手。Wang 等和 Gao 等（2018）从电子商务网站上抓取在线评论数据，通过数据挖掘的方法提取关系比较句，从顾客的评论中识别竞争对手，评估焦点企业与竞争对手相比所具有的优势和劣势。Lee 等（2020）认为，顾客发表的在线评论信息是焦点企业进行竞争对手识别的有效数据资源，从在线评论信息中提取顾客关注的热点主题是进行竞争对手识别的关键因素。

很多研究认为，竞争对手的识别应该结合焦点企业的观点和顾客的观点。然而，在实践中，大多数方法都偏向于一个视角。大量的文献论述了识别竞争对手可以减少竞争盲点的重要性，但这些研究大多没有明确和具体的行业背景，因此无法进行更深入的分析（Clark 和 Montgomery，1999）。信息技术的快速发展、各种商业模式的创新，使当今各种行业的市场竞争环境日益复杂，企业管理者扫描整个市场竞争环境的难度加大，而且管理者不容易形成对企业之间市场共同性和资源相似性的清晰认知。基于此，本书认为，作为商品流通的最终环节，顾客认可的产品或服务才具有竞争力，只有满足顾客需求的企业才互为竞争对手。而电子商务平台上开放的在线评论信息，使企业可以查看并监测其所在领域的竞争对手，这给企业进行竞争对手识别及相关分析带来了新的机遇。

2.2.2　竞争对手识别方法

为了识别竞争对手，研究人员根据数据来源和专业知识采用了不同的方法，常用的三种方法是问卷调查法、档案研究法和用户生成内容的数据挖掘方法。

基于横断面数据的问卷调查，是常用的识别竞争对手的方法。相关学者通常从企业或顾客的视角进行定量的实证研究（Gur 和 Greckhamer，2019；Runge 等，2022）。一方面，从管理者的视角来看，识别竞争对手的关键在于如何扫描竞争环境。国家或国际层面的权威统计数据（如来自世界银行或者国家统计局的数据）已被广泛用于竞争对手识别的实证研究中（Wu 和 Olk，2014）。例如，根据中国国家统计局的统计数据，Wu 和 Olk（2014）分析了 1348 家服务业和制造业样本，从管理者的视角来识别这些企业主要的竞争对手。尽管这种方法简单易操作，但是难以获取竞争对手深层次的信息。而且在使用问卷调查方法的现有研究中，多从管理者的视角来识别竞争对手（Wu 和 Olk，2014；Runge 等，2022）。另一方面，基于问卷调查从顾客的视角识别竞争对手是主要的研究方向之一（Gur 和 Greckhamer，2019）。大量的研究通过探索如何满足市场中顾客的需求，分析顾客的品牌转换行为，进而有效地识别出竞争对手，提高对竞争市场结构的认知（Wieringa 和 Verhoef，2007；Desarbo 等，2006）。例如，Dawes（2014）通过问卷调查获取品牌共享、强制选择和品牌形象等相关数据，利用对数线性模型识别银行业的竞争市场结构。研究发现，一般情况下，顾客不会对形象相似的品牌进行分类，然而，当顾客被要求选择特定的产品品牌时，品牌的划分就是基于品牌形象的相似性进行的。Desarbo 和 Grewal（2007）基于受访者对品牌相似性的感知，了解顾客在不同品牌间转换的可能性，并可视化地构建了十个汽车品牌的竞争市场结构图。Yonezawa 和 Richards（2016）利用问卷调查探讨了企业创新、品牌和产品竞争力之间的关系。然而问卷调查数据依赖于问卷设计者的专业知识和经验，还受限于被调查者的认知能力等因素，是一种费时、昂贵的数据获取方式，不能实时地反映市场竞争行为（March 和 Hevner，2007；Zhu 等，

2022）。

通过分析企业的档案数据来识别竞争对手，早期研究侧重于将具体战略特征（品牌知名度、质量和规模）相似的企业划分成一组，每个组称为战略组（Peteraf 和 Bergen，2003）。在服务业领域，银行业较早利用档案数据通过战略群组法识别其竞争对手（Amel 和 Rhoades，1988）。战略群组方法通常采用两步法，首先使用因子分析确定属性特征维度，其次使用聚类分析将同一行业内的企业划分至不同的战略群组，群组内的成员互为竞争对手（Baum 和 Lant，2003）。近十几年来，越来越多学者利用专利或财务档案数据分析影响企业竞争力的关键因素，通过专家评估或聚类等方法，计算企业在关键因素上的相似程度，从而得到企业间竞争关系（韩晓彤等，2018；Zhang 等，2021）。但是由于档案数据是静态的，更新速度慢，基于档案数据进行竞争对手识别难以应对快速变化的竞争市场（Tang 等，2021）。

一些研究开始基于用户生成的内容来识别竞争对手，利用数据挖掘技术分析品牌或产品之间的竞争关系及竞争市场结构。Kim 等（2011）定义了产品之间搜索的拓扑结构，并基于多维尺度分析（Multidimensional Scaling，MDS）方法评估亚马逊平台上 4 个品牌 62 台摄像机在竞争市场中的位置。有学者利用文本挖掘的方法从在线客户的评论中提取产品属性和品牌相对位置，并可视化了品牌或产品的竞争市场结构。Netzer 等（2012）采用文本分析和 SNA 方法对汽车论坛中提到的 169 种汽车模型的语义网络进行了描述，并采用 MDS 方法可视化 30 个汽车品牌的竞争关系。Nam 等（2017）从社会书签网站收集手机品牌及相应的相关属性，采用文本挖掘方法构建品牌竞争关系网络，并用 MDS 可视化 7 个品牌涉及主要属性的空间关系。Du 等（2015）将汽车销售数据与谷歌搜索趋势相结合，以说明不断变化的顾客偏好。

这三种识别竞争对手的方法各有优点，但在基本假设、数据来源和产品分类的可视化方面面临一些挑战，具体如表 2-2 所示。Cooper 和 Inoue（1996）与 Desarbo 和 Grewal（2007）通过问卷调查的方式收集样本数据，然而问卷调查数据依赖于问卷设计者的专业知识和经验，还受限于被调查者的认知能力等因素，而且问卷调查耗时多且管理成本高，不能实时反映顾客行为（Nam 等，2017；Xia 等，2019；Köseoglu 等，2021）。另外，这些研究样本涉及的主要是耐用消费品，事实上，顾客不会经常更换或购买耐用品（如车辆或家用电器）。Daniel 和 Bernd Skiera（2016）基于顾客给出的少量替代品来分析竞争对手，然而受访者能否恰当清晰地回忆起以前做出购买决策的影响因素或预测未来的购买行为是值得怀疑的。Cooper 和 Inoue（1996）与 Du 等（2015）提出了基于数学模型的假设并预测未来的市场竞争结构。

表 2-2　主要竞争对手识别方法的文献比较

	Cooper 和 Inoue（1996）	Desarbo 和 Grewal（2007）	Kim 等（2011）	Netzer 等（2012）	Du 等（2015）	Nam 等（2017）	本书的竞争对手识别方法
研究目的	通过确定不同细分客户的偏好来分析市场竞争结构	识别和表示不对称竞争市场结构	提出一种可视化顾客搜索模式的方法	将用户生成的内容转换为市场结构和竞争洞察力	在线搜索的趋势转换为顾客偏好，提出一个市场反应模型	通过分析用户生成的社交标签，洞察品牌的竞争市场结构	一种识别竞争对手和可视化竞争优劣的方法
数据来源	相关调查报告	问卷调查	Amazon.com	在线汽车论坛（Edmunds.com）	汽车新闻和谷歌搜索趋势	社会标签平台	OTA 平台（Ctrip.com）
数据类型	106 种不同车型、160 万顾客问卷调查	2 个不同行业 10 个产品	4 家公司 62 个产品数据	30 个汽车品牌的文本数据，包含 169 个产品	80 款非豪华车的销售数据和搜索趋势	7 个品牌的文本数据	6409 家酒店企业的 500 多万条评论信息

续表

	Cooper 和 Inoue（1996）	Desarbo 和 Grewal（2007）	Kim 等（2011）	Netzer 等（2012）	Du 等（2015）	Nam 等（2017）	本书的竞争对手识别方法
方法	竞争市场结构模型	不对称的MDS	分层MDS	数据挖掘、经典的MDS、社会网络分析方法	Log - Log 销售反应模型	文本数据挖掘和降维技术	基于T-K-KNN 的方法
非耐用品	—	—	—	—	—	是	是
低成本/实时性	—	—	是	是	是	是	是
探索影响因素	—	—	是		是	是	是
大数据	—	—	—	—	—	—	是

在产品分类的可视化方面，表 2-2 中大多数方法采用 MDS 创建多维空间感知图实现品牌或产品的聚类，MDS 感知图能清晰地展示品牌或产品之间的相似或差异程度。然而，MDS 感知图在属性维度空间的可解释性差，难以准确地表达和分析可视化结果（Kim 等，2011）。对于涉及少量产品的市场，通过 XY 图来演示竞争市场结构是相对简单的，其中每个点表示不同的产品。然而，随着产品数量的增加，XY 图会变成密集的点簇，从而难以解释结果（Kim 等，2011）。虽然可以增加维度来减弱密集影响（Desarbo 和 Grewal，2007），但应尽可能避免这种情况，因为在检查和解释结果时，往往比较困难。同时，相似性度量方法不同，其分析出的结果也不同。此外，MDS 方法对数据集的大小特别敏感。当数据集变大时，数据位置的准确性就会下降，这是该方法存在的固有问题（Buja 等，2008）。例如，圆形弯曲效应在 MDS 分析中很常见（Carroll 和 Arabie，1980）。这可能导致对竞争市场结构的识别不准确，有些竞争关系可能在实际中被证明更紧密（Diaconis 等，2008）。因此，本书提出的 T-K-KNN 方法能够有效地识别酒店企业的竞争对手，利用

此方法，酒店企业能够实时分析其竞争对手集合，可视化显示其自身的优势和劣势。

2.3 服务需求相关研究

市场竞争日趋激烈，消费者的需求呈现多元化和个性化的特点，企业产品成功的关键在于满足顾客的服务需求。而顾客的服务需求是指从顾客的行为特征中，利用一定的方法和手段将隐性的用户心理需求转化为显性的服务需求特征。有学者认为，企业的服务需求发现的过程包括顾客需求的获取，以及在考虑企业有限资源的情况下将顾客需求进行分类、优先级排序，从而转化为企业真正的服务需求。关于服务需求的研究主要可以分为两个方面：一是对需求获取的数据源选择以及需求获取的方式等的研究，即服务需求的获取研究；二是关于需求识别方法和需求类型等的研究，即服务需求发现研究。

2.3.1 服务需求的获取

在获取顾客的服务需求的研究中，传统的获取方法以企业为主导，如市场调研、问卷调查或者访谈，这些方法通常是利用目标导向明确且结构化的问卷进行，顾客只能按照设计完整的问题进行回答，因此很难挖掘顾客的潜在需求。通过传统的方式获取的顾客需求信息是有限的，而且这种方式费时又费力。

互联网时代的到来，促进了电子商务平台的蓬勃发展，越来越多的用户以在线评论的方式发表对产品或服务的意见，在线评论已经成为顾客购买决策的重要参考依据。对于企业而言，在线评论数据来源广泛、更新速度快，且在线评论信息具有匿名性、真实可靠性，可以作为企业获取顾客需求的重要信息载体。研究表明，在线评论有助于企业了解市场动态，分析发展趋势和产品销量，以及根据客户意见改进产品设计。鉴于此，一些研究从在线评论中挖掘潜在的顾客需求信息。Chen 等（2021）试图从文本信息中获取顾客需求，并以结构化的方式进行组织，利用机器学习分类器挖掘产品特征信息层次结构，以帮助产品设计师更好地理解顾客需求。顾客作为产品最终的使用者，掌握着大量产品需求信息。有学者指出，互联网作为顾客与企业沟通的桥梁，为需求获取提供了重要的渠道。顾客通过互联网发表对产品的意见，表达个人需求，企业利用互联网了解顾客需求并设计产品和提供服务。

综上所述，随着人们消费需求的个性化和多样化，顾客需求的不确定性越来越明显，传统的顾客需求获取方法与快速变化的商业世界不相匹配，而数量巨大、时效快、获取成本低的在线评论信息成为当前发现顾客需求的重要途径，并且在发现顾客对产品或服务的完整性需求上有着不可替代的作用。

2.3.2　服务需求发现方法

服务需求发现是指从用户的行为特征中，利用一定的方法和手段将隐性的用户心理需求转化为显性的产品或服务特征的过程（Jiang 等，2019）。近年来，一些研究尝试利用机器学习方法从在线评论中获取用户需求信息。然而，在线评论文本数据集中涉及的词汇数量庞大，导致向量空间模型中文本的维数很高，并包含大量的噪声。为了能快速有效地识别在线评论文本信息中的属性特征，通常需要依据某种特征提取算法量化词汇的重要性，从而提取出对输出结果贡献较大的特征词集，并降低向量维数。

常用的方法可以分为基于规则与统计结合的方法、基于机器学习的方法、基于序列标注的方法。Hu 等（2014）利用关联规则对评论中的高频词进行挖掘，并采用邻近规则与独立规则筛选出高频特征词。黄先珍等使用句法规则抽取基本词汇来代替词袋模型中的词语，在充分考虑语法信息、特征词的位置和分布的基础上，对特征词的权重进行赋值，构建一个联合权重评价函数，以此提取出有效的特征。周清清和章成志（2017）首先利用高频名词构建候选属性特征词；其次基于深度学习构建候选属性特征词向量，在此基础上完成候选属性特征词的聚类，得到聚类后的候选属性特征词集；最后对候选属性词集进行噪声过滤，得到细粒度产品属性特征集。栗春亮等（2011）使用分词后相邻词语和百度百科来识别特征。李良强等（2018）综合利用 K-Means 聚类和词向量方法，高效地从大量评论文本中提取出属性特征。

在产品属性特征提取中，机器学习方法也得到广泛应用。Yu 等利用依存句法与支持向量结合的方法识别英文特征词，特征词的抽取有利于商家了解用户关心的产品特征，从而改进商品质量。Guo 等（2021）利用改进的 LDA 模型从在线评论信息中抽取顾客热点关注的产品特征，以帮助企业实时跟踪、了解顾客的需求与偏好。Xu 等（2017）使用 SVM 和 LDA 相结合的方法提取产品特征。这些研究利用机器学习方法提取出来的是出现频率较高的全局特征词，局部属性特征词因为出现频率偏低，且上下文关系不太明确而不易被发现（Wang 和 Xu 等，2018；Guo 等，2021），但这些局部特征能细粒度刻画其产品不同于竞争对手产品的属性。

近年来，一些研究开始关注基于序列标注的特征抽取方法。任智慧等

（2017）针对主流的中文分词方法是基于字标注的方法以及现有的方法具有耗时长、效率低等问题，提出了一种改进的 LSTM 网络模型方法。沈兰奔等（2019）认为，中文事件检测不是分类问题，而是一个序列标注，提出了一种 ATT-BiLSTM 中文事件检测模型。通过 ATT 方法捕获文本中的全局特征，利用两个双向的 LSTM 有效地捕获句子序列特征，从而提高中文检测效果。范守祥等（2020）提出一种由编码器—解码器架构的序列标注反馈模型，以解决传统信息提取方法中信息利用效率低、容易受错误传递影响等问题。Kumar 等（2016）提出了一种 BI-LSTM-CRF 模型，利用 LSTM 能够标记上下文信息的特性，使用 CRF 考虑标签输出前后的依赖关系，利用 Bakeoff2005 数据集进行分词实验，结果表明，BI-LSTM-CRF 模型比 LSTM 和双向 LSTM 模型具有更好的分词性能。上述所使用的特征抽取方法对细粒度属性特征识别具有一定的借鉴作用，但其主要功能是解决特征的上下文关系，特征模型表征能力弱、泛化能力差的问题依然存在。

综上所述，现有的特征提取方法存在两方面的不足：一是以统计为基础的特征提取方法未考虑评论文本信息中存在的细粒度属性特征，因此，此类方法无法有效识别评论文本信息中的属性特征。二是现有的机器学习方法和基于序列标注的特征提取方法主要关注全局特征词的抽取，未专门针对细粒度局部特征提取进行优化。实际上，当前多数特征提取方法的性能并未达到令人满意的效果，因此，本书在归纳总结相关研究基础上，针对在线评论文本信息长度短、口语化、碎片化以及单条评论的语义稀疏且共现信息不足等特点，提出一种基于 L-L-CNN 的特征提取方法，以便更有效地识别主要的顾客需求及进行需求分类。

2.4 相关方法综述

2.4.1 信息熵

信息熵的概念最早是由 Shannon（1948）提出的，可用来衡量信息系统中各种随机性事件的出现概念和系统的无序状态。信息熵可以用来量化属性特征间的不确定性程度，由于不要求预先假定数据分布是已知的，且能够有效地度量属性特征间的非线性关系，因此，基于信息熵的属性特征权重算法引起了学术界广泛的研究兴趣（Lee 等，2017；Liu 和 Teng，2019；Nilashi 等，2021）。Zhang 等（2020）利用语义分析探索在线评论信息的有用性时，使用信息熵测量顾客不同视角感知下的在线评论信息有用性的权重。Liu 和 Teng（2019）提出一种多属性决策模型来对可替代产品进行排序，采用信息熵和交叉熵结合的方法计算产品属性的权重系数，以尽量减少决策过程中的人为主观性，进而帮助顾客选择最合适的产品。Luo 等（2021）利用信息熵构建评价指标的权重，对全国 31 个省份的 5A 级旅游景点进行综合评价，研究结果可以帮助游客快速做出旅游景点选择。Song 等（2021）基于信息熵将计算出来的产品属性权重作为顾客对产品属性的偏好，在此基础上提出基于产品属性偏好、顾客自身的风险态度和期望水平的决策支持模型，生成了顾客个性化备选方案列表。本书利用信息熵来计算酒店企业属性的权重大小，酒店企业属性的信息熵取值越小，表明属性变异程度越大，对模型输出的作用也越大，其权重也就越大。

2.4.2　加权 K-Means 方法

K-Means 聚类算法是一种应用非常广泛的聚类划分方法。它以数据对象之间的距离为相似性度量的标准，把距离小的数据对象聚成一类（簇），最后形成多个簇，使同一个簇内部的样本相似度高，不同簇之间差异性较高。为了提高聚类结果的簇内相似度，从而提高聚类精度，对特征进行加权聚类，这就是加权 K-Means 聚类算法。由于加权 K-Means 聚类方法具有理论可靠、算法简单、收敛速度快的优点而应用广泛（Likas 等，2003）。伴随着在线评论信息数量的爆炸式增长，加权 K-Means 聚类方法常常被用来挖掘在线评论信息中隐藏的商业知识（Xiong 和 Ji，2016）。Hu 等（2016）利用加权 K-Means 聚类算法把情感特征一致的评论信息聚合在一起，以预测和评价目标酒店的表现。Riaz 等（2019）为了从海量的评论文本信息中挖掘出顾客的偏好需求，首先对评论文本内容进行情感分析，发现顾客偏好；其次计算情感词的强度，利用加权 K-Means 聚类方法对评论文本进行分类。Nainggolan 和 Purba（2020）采集电子商务网站上的用户评论数据，利用加权 K-Means 聚类方法发现产品或服务质量问题，以帮助顾客做出决策。Chen 等（2021）收集了 Twitch 平台上真实的游戏直播数据，提出了一种基于加权 K-Means 聚类方法的文本挖掘框架，研究直播流媒体中观众评论文本信息如何影响直播用户的观看行为。

本书采用加权 K-Means 聚类方法将训练集划分为若干簇，构造出一些新的小类训练样本集，这样搜索空间变成若干子集，克服了训练集中噪声对 K 近邻查找的负面影响。

2.4.3　KNN 方法

K 最近邻（K-Nearest Neighbor，KNN）分类算法又称 K 近邻分类算法。

它是根据不同属性特征之间的距离来进行分类的一种简单有效的机器学习方法，KNN 模型在各个领域中得到广泛应用。当应用于回归问题中时，KNN 模型是基于度量空间中的 K 个近邻进行预测。在类别决策中，只与极少量的相邻样本有关，因此能够有效地避免样本不平衡问题。KNN 方法在分析顾客评论信息方面的应用较多。例如，Ma 和 Chen（2017）基于历史销售数据和在线评论信息，采用 KNN 和情感分析技术相结合的方式来预测产品销量。Khorsand 等（2020）基于 TripAdvisor 平台上的酒店和用户生成评论数据，采用 8 种不同的监督机器学习方法来预测新用户对酒店的评价，通过综合比较和统计分析发现，KNN 算法是最优的预测方法。Khurshid 等（2019）利用 KNN 方法检测垃圾评论文本，并与基准方法进行比较来验证识别垃圾评论方法的精准度。Gu 等（2021）将 KNN 和向量机（SVM）整合成一个多层检测框架以从顾客的评论信息中提取产品功能需求，预测产品设计参数。KNN 模型对包含噪声的数据集非常敏感（Mitani 和 Hamamoto，2006），并且假定所有特征对预测结果具有相同的重要性。尽管营销和服务领域的管理者都认识到 KNN 方法在分析在线评论信息数据方面的效用（Sohn 等，2003；Arora 等，2020；Hartmann 等，2019），但是噪声和各个特征对输出结果的影响程度存在差异性这一点往往被忽略，这是竞争对手识别中的一个关键问题（Baum 和 Lant，2003）。

为了有效并精准地从大规模数据集中识别竞争对手，本书结合信息熵、K-Means 聚类方法和 KNN 方法，提出一种 T-K-KNN 方法，通过实验可以得知，基于 T-K-KNN 的竞争对手识别方法具有较好的适应性和精准度。

2.4.4　LDA 方法

LDA 方法（Latent Dirichlet Allocation，LDA）由 Blei 等（2003）提出，

是运用最为广泛的概率主题模型之一。LDA 方法通过对评论文本进行概率建模和主题推断，可以揭示评论中的主题以及主题与词语之间的潜在关联关系。它被广泛应用于用户评论分析领域，以揭示用户评论中的潜在主题结构，从而帮助理解评论的内容和观点。Wu 等（2015）提出使用 LDA 主题模型进行建模和特征选择，实现对新闻文本集的分类。林丽丽和马秀峰（2019）利用 LDA 方法分析了图书情报研究领域的热门主题及演化趋势，对当前国内图书情报学研究主题进行了全方位展示。Guo 等（2021）通过 LDA 主题模型对特征空间进行语义扩展，实现对短文本的分类。Liu 等（2018）基于 LDA 方法探索文本间的相似性，从而对搜索记录数据集进行分类。张文等（2022）将 Help 算法与 LDA 方法相结合，提出了一种基于评论有用性的主题分析模型，根据评论有用性给评论赋予不同的权重，进而从有用性较高的评论中抽取出对于消费者更有用的信息。

然而，LDA 模型在用户评论分析中也存在一些挑战。首先，评论数据通常是短文本，存在语义稀疏性和上下文缺失等问题，这可能导致 LDA 模型在主题挖掘和分析方面的准确性受到影响（Akrouchi 等，2021）。其次，对参数的设定和主题数量的选择具有一定的主观性和困难性，需要进行合适的调优和评估。

因此，本书结合长短期记忆人工神经网络方法和 LDA 方法，分别从主题词层和语义层对评论文本信息进行特征属性的提取。也就是说，在主题词层面利用 LDA 主题模型提取文本信息的主题词和特征词。

2.4.5　LSTM 方法

长短期记忆人工神经网络（Long Short-Term Memory，LSTM）作为一种特殊的循环神经网络（RNN）架构，具有良好的记忆性能和处理序列数据的能力，被广泛用来获取在线评论文本中的上下文信息和词序关系。近年来，LSTM 在情感分析、推荐系统、主题建模和风险预测及欺诈评论检测等领域展现出了独特优势。Behera 等（2021）利用卷积神经网络与 LSTM 对社交媒体上用户发表的评论信息进行情感分类。Huang 等（2021）整合情绪智力（EI）和注意力机制改进 LSTM，从而更高效地实现文本情感表示和情感倾向（如积极、消极、中性）识别。Huang 等（2019）将注意力机制融入 LSTM 模型中，以用户的访问记录为依据建立兴趣点隐向量之间的时序关系，并用递归形式的模型对序列进行学习，推断出用户未来可能访问的兴趣点序列。闫盛枫（2021）结合 DTM 算法和 LSTM 模型提出公共政策文本时序模型与可视化方法，以探测特定领域政策文本语义主题，揭示我国政策部署与未来发展趋势。唐振鹏等（2022）利用 LSTM 与分解集成技术建立中国保险业风险预警模型，较传统方法而言具有更高的准确性。欧阳红兵等（2020）将小波分析与长短期记忆神经网络相结合，构建金融时间序列数据预测模型，以克服现有模型缺陷。面对过长序列时，只使用 LSTM 方法会出现不稳定性和梯度消失现象。由以上文献可知，LSTM 方法经常与其他算法一起使用以提升性能效果。

用户评论文本存在长度短、口语化和碎片化、单条评论的语义稀疏且共现信息不足等特点，传统 LDA 主题模型识别主题时比较粗粒度，忽略了评论文本的语义信息和词序信息，无法进行深层次表征（Wang 和 Xu，2018；Guo 等，2021；钟桂凤等，2022），因而单一的 LDA 主题模型对在线评论文本信息中隐含的产品或服务需求的识别以及复杂语义的理解存在一定的局限性，难以生成高质量的主题和属性特征词（Bastani 等，2019；杨阳等，2022）。为了解决上述问题，本书分别从主题词层和语义层对评论文本内容进行特征属性的提取，构建文本特征表示模型。在主题词层面，利用 LDA 主题模型提取文本内容的主题词信息，并进行量化，形成了对粗粒度文本语义的描述。在文本语义层面，先对评论文本内容进行分词，对形成的词汇表进行词向量训练，然后利用 LSTM 获取评论文本内容中的词序信息，生成文本细粒度语义的描述（Hochreiter 和 Schmidhuber，1997）。

2.4.6　CNN 方法

卷积神经网络（Convolutional Neural Networks，CNN）是深度学习模型中具有代表性的一种学习方法，近年来在用户评论文本信息处理领域的应用得到了广泛的关注和研究。CNN 通过多层的卷积层和池化层从文本中提取特征，并通过全连接层进行分类或预测，其在特征提取、参数共享和大规模数据处理方面具有较大的优势，能够有效地学习文本的局部和全局特征，提高模型性能和泛化能力。Arenas-Márquez 等（2021）通过设计不同的卷积核和网络结构，使 CNN 方法用于旅游类型主题分类时，能够有效地识别游客评论文本所属的主题类别。Hou（2023）利用 CNN 方法改善了用户搜索和收藏音乐的体验，提供了一个高效、个性化和数据驱动的音乐推荐方法。李静等利用 CNN 方法解决一般的文本分类处理方法无法有效处理文本特征的问题，通过这种方法提高了识别的准确率。缪亚林等（2021）提出双向门控循环单元（GRU）与 CNN 模型相结合的文本情感分析模型，将其应用于短文本情感分析中，可以简化特征提取过程，通过引入上下文语义信息，减少了模型参数，提高了分析效率。Li 等（2020）将长短期记忆人工神经网络和 CNN 方法相结合，构建文本情感分析模型，以弥补现有模型在文本顺序、序列长度和逻辑复杂度的变化分析等方面的不足，在对产品文本评论和微博评论进行情感分析时，获得了较好的细粒度情感分类。

本书将从主题词层和语义层提取的特征词向量合并后形成的矩阵作为输入特征进行 CNN 分类训练，输出用户关注的类别概率和属性特征词标签。

2.5　相关文献评述

本书通过对在线评论信息、竞争对手识别、溢出效应和服务需求相关研究进行梳理和分析，发现这些已有的研究成果具有重要的学术价值，但也尚存一定的局限性，主要表现在以下几个方面：

（1）传统的竞争对手识别中，数据来源于问卷调查、公司报告或新闻媒体，虽然在一定程度上满足了酒店企业对竞争对手识别的需求，但也存在不可忽略的缺陷，如主观性强、易产生偏差等，而且大范围的问卷调查耗时耗力，与日益变化的激烈竞争环境不相匹配。开放的、海量的在线评论信息使企业可以洞察整个市场环境，尤其是其竞争对手的相关信息。尽管现有的研究已经开始利用机器学习和数据挖掘等商务智能方法，基于在线评论信息来识别竞争对手，但仍存在一些局限问题。例如，仅从单一企业自身的评论文本信息中比较关系句来识别竞争对手，易受主观认知偏差影响，不能提供完整而全面的竞争对手集合。因此，利用海量的在线评论信息，构建精准有效的竞争对手识别方法依然是酒店企业面临的重要问题。

（2）尽管现有研究表明，在线评论信息正在以一种竞争的方式改变着商业环境（Pelsmacker 等，2018；Xia 等，2019），在线评论信息的影响效果不能孤立地考虑。然而，鲜有研究考虑竞争环境下竞争酒店企业之间的在线评论信息是如何相互作用，影响顾客对产品或服务的感知，从而对焦点企业产生负向溢出效应的。因此，面对激烈的同质化竞争市场环境，酒店企业不仅要理解自身的在线评论信息产生的经济效益，还要洞察整个市场环境，深入理解开放的在线评论信息的竞争机理，这有助于酒店企业管理者对企业的在线评论信息进行差异化管理。

（3）基于在线评论信息的顾客需求识别大多利用 LDA 主题模型表示文本特征，然而，相较于长文本评论，在线评论信息文本长度短，增加了 LDA 主题模型对文本内容的识别难度，不利于 LDA 模型生成高质量的主题和属性特征词（Bastani 等，2019；杨阳等，2022）。而且传统 LDA 主题模型识别主题比较粗粒度，对应的属性特征词是全局性的，局部属性特征词因为出现频率偏低（彭云等，2017），且上下文关系不太明确而不易被发现。因此，现有顾客需求识别研究对在线评论文本信息中隐含的产品或服务特征的识别以及复杂语义的理解依然缺少行之有效的方法，这些成为影响顾客需求精准获取的瓶颈。因此，本书需要克服以上问题，开发设计出一种顾客需求识别方法来解决以往特征提取方法表征能力弱、泛化能力差的问题。

2.6 本章小结

本章对主要研究内容涉及的理论和相关技术方法进行了文献整理和全面阐述。首先，总结了在线评论信息相关的研究成果，重点阐述了在线评论信息与销售业绩、在线评论信息与商务智能、在线评论信息与服务改进以及在线评论信息与溢出效应的研究现状。其次，对识别竞争对手和服务需求的相关研究进行了规范的分析整理，在竞争对手相关研究中，主要从识别竞争对手的视角和识别竞争对手的方法两个方面进行介绍。在服务需求相关研究中，从服务需求的获取与服务需求发现方法两个方面进行归纳分析。最后，对后续章节涉及的研究技术方法进行了文献的归纳梳理。

第 3 章　基于在线评论信息的酒店企业竞争对手识别方法研究

在竞争分析领域，传统的竞争对手识别数据是通过问卷调查、公司报告和新闻媒体获得，这些方法在一定程度上满足了酒店企业分析竞争对手的需求，但结果易受主观认知偏差、视野狭窄等的影响而缺乏可靠性。如今，电子商务平台上的在线评论信息，使酒店企业可以查看所在领域的竞争对手。尽管酒店企业已经注意到在线评论信息的重要性（Rapp 等，2015；Anton 和 Breidbach，2018），从在线评论信息中提取商业知识应用于企业的经营战略计划中，但很少有酒店企业利用在线评论信息来识别竞争对手。而且在实践中，面对海量的在线评论信息，酒店管理者没有系统的指导方法（Köseoglu 等，2020；Ye 等，2022）。鉴于此，本书对海量的在线评论信息进行深入分析，结合统计学、数据挖掘、机器学习和计算机科学多个领域知识，提出了一个基于 T-K-KNN 的竞争对手识别方法，刻画顾客评论信息中映射的酒店企业竞争关系，以此识别出酒店企业的主要竞争对手，可视化显示其竞争优劣势，并区分出在不同细分市场中影响顾客决策的酒店企业属性的相对重要性。经过验证，本书所提出模型较基准模型而言有较大的优化，稳健性和适应性更强。

3.1 问题描述

与许多其他劳动密集型服务行业一样，酒店业面临着越来越大的压力（如降低成本，提供更高质量的服务），并高度关注竞争对手的识别（Kim 和 Canina 2011；Mohammed 等，2014）。传统上，位置、价格和酒店规模等属性通常用于定义竞争对手集合（Kim 和 Canina，2011）。特别是位置相邻酒店企业之间的竞争引起了研究人员及从业者的高度关注。然而，随着互联网信息技术的迅速发展，电子商务平台作为一种方便快捷的搜索和交易渠道，使酒店企业竞争变得复杂。在线评论信息和智能推荐算法分散了顾客的注意力，酒店企业之间竞争和在线评论信息、智能推荐算法紧密相关（Chen 和 Yao，2016；Zhu 等，2022）。例如，酒店企业的在线评论数量是 OTA（如携程网）考虑酒店受欢迎程度并进行推荐（酒店在搜索结果页面中的排名）的重要因素。因此，过去酒店企业主要是与其他距离较近的酒店企业进行竞争，现在酒店企业可能会与距离较远，但提供更有吸引力的服务、便利设施或价格的酒店企业竞争（Li 和 Netessine，2012）。

竞争环境和竞争格局日趋复杂，为了保持竞争优势，企业需要不断监测和分析竞争对手的动向，及时调整自身的经营策略和战略规划（Li 和 Netessine，2012；Gur 和 Greckhamer，2019）。识别竞争对手是酒店企业竞争分析、战略制定及实施的第一步，监控竞争对手的表现也是酒店企业日常运营和长期战略发展的关键环节。然而，大部分酒店企业管理者仍然依靠经验法则来定义竞争对手。例如，酒店企业根据调查问卷、专家访谈或公开报告，选择相应的评价指标进行竞争对手识别，常用的指标包括价格、位置、酒店内的餐厅和客房服务、会议空间、免费早餐、忠诚度计划、全方位服务设施和品牌等。事实上，酒店企业最终是为了满足顾客的需求而竞争，顾客才是市场竞争的真正仲裁者。特别是在当前竞争激烈的商业环境中，产品更新速度快，从顾客视角识别竞争对手可以避免仅依靠管理者的经验认知而造成的竞争盲点和管理短视（Baum 和 Lant，2003；史敏等，2020）。有一些研究通过问卷调查获悉顾客感知的产品竞争市场结构。例如，Desarbo 和 Grewal（2007）基于受访者对汽车行业品牌相似性的感知，了解顾客在不同品牌间转换的可能性。Dawes（2014）通过问卷调查获取品牌共享、强制选择和品牌形象等数据，利用对数线性模型识别银行业的竞争市场结构。Ponta 等（2020）、Yonezawa 和 Richards（2016）利用问卷调查探讨了企业创新、品牌和产品竞争力之间的关系。然而，问卷调查数据依赖于问卷设计者的专业知识和经验，还受限于被调查者的认知能力、需求不确定等因素（Netzer 等，2012），进而影响了问卷调查获取的数据的有效性和准确性。而且问卷调查是一种费时、昂贵的获取数据方式，不能实时地反映市场竞争行为（March 和 Hevner，2007；Zhu 等，2022）。

随着 Web2.0 的快速发展，电子商务平台上的在线评论信息数量爆炸式增长，在线评论信息是顾客体验产品后的情感流露和建议反馈，包含着与产品或服务有关的各种信息线索，是顾客预定酒店的重要参考因素。在线评论信息具有重要的商业价值（Mathwick 和 Mosteller，2017；胡志刚等，2021），已经引起酒店企业管理者的注意。管理者挖掘在线评论信息中蕴含的顾客需求偏好，利用在线评论系统积极与顾客进行沟通（Leung 等，2013），有利于酒店企业管理自身的产品和客户（Levy 等，2013）。另外，在线评论信息也为酒店企业观察市场动向、了解竞争对手提供了顾客视角和数据来源。在线评论信息数量巨大，包括多种形式的数据类型，特别是有大量的非结构化评论文本信息，传统的竞争识别方法（如 OLS 回归模型）难以适用。大数据、云计算、人工智能、5G 技术的快速发展给企业带来了新机遇，以机器学习、数据挖掘为主的商务智能技术正受企业和研究人员的青睐。近年来，有一些研究开始利用在线评论信息进行竞争产品的分析（Gao 等，2018；Arora 等，2020），为企业进行智能化的竞争提供了一定的思路和支撑，但是还存在一些显而易见的不足之处。Kim 等（2011）利用分层的、非对称的 MDS 方法对顾客的搜索行为进行建模，制造商可以通过生成的产品搜索地图拓扑结构，了解相关产品所在行业内的竞争市场结构和顾客的考虑集。Nam 等（2017）从社交网站上收集手机品牌及相关属性，采用文本挖掘方法构建了品牌之间的竞争关系网络。Lee 等（2020）通过文本挖掘的方法从在线客户的评论中提取产品属性和品牌相对位置，并可视化品牌或产品的竞争市场结构。Netzer 等（2012）基于汽车论坛的用户评论信息，采用文本关联规则和 SNA 方法识别汽车品牌之间的市场竞争结构。这些方法能快速地识别竞争产品的市场网络结构，其局限在于利用 MDS 感知图来可视化展示市场的竞争结构，即通过 XY 图上散点的距离关系表达少量竞争产品之间的竞争关系。随着竞争产品数量的增加，XY 图上的散点会变成密集的点簇，很难清晰展示结果（Kim 等，2011；Daniel 和 Bernd，2016），从而导致不能全面识别当今庞大市场中的大量竞争产品之间的关系。

此外，Gao 等（2018）以大众点评网的评论文本信息为研究对象，利用一种比较关系句挖掘方法识别餐饮企业之间的竞争关系，并基于特征维度分析了焦点企业与主要竞争对手之间的竞争力，然而仅利用企业自身评论文本信息中的比较关系句识别竞争对手，易受到主观认知偏差影响，不能为管理者提供完整而全面的竞争对手集合，进而产生竞争盲点。Wang 等（2018）在给定特征维度的基础上，使用情感分析技术从在线评论信息中挖掘比较关系，识别企业竞争对手。在挖掘企业间竞争关系时限定价格范围，从而对企业进行了过滤，这样做容易出现竞争短视。Xia 等（2019）利用点评分的概率分布和 EMD 自动评估技术评价包括多个品牌的酒店企业的竞争力，但是仅利用单一因素评估酒店企业间的竞争力，研究结论有失偏颇。

由上述研究局限可知，利用海量的在线评论信息，构建精准有效的竞争对手识别方法依然是酒店企业亟待解决的重要问题。一般来说，由于信息过载，顾客线上预订酒店时更倾向于通过搜索选出一组高度相关替代酒店产品，从而形成考虑集，然后从考虑集中选择最终购买的酒店产品。被排除在考虑集之外的产品或服务很难被顾客购买（Ghose 等，2012）。事实上，考虑集是满足顾客需求的一组属性特征相似的竞争产品或服务的集合。顾客预订酒店的过程实际上隐含着顾客所感知的市场竞争关系，这种竞争关系通过评论信息中蕴含的产品属性相似性将不同的酒店企业相关联。因此，本书着重刻画相关酒店企业映射在顾客评论信息中的竞争关系，进行竞争对手智能识别建模与分析，具体研究以下几个问题：第一，预订酒店的过程中，酒店属性特征对顾客决策的影响是一样的吗？第二，哪些酒店企业被顾客纳入考虑集？第三，面对数量巨大的竞争酒店企业，如何更清晰、全面构建模型来刻画考虑集中的竞争酒店企业之间的关系？通过回答以上问题就可以揭示顾客视角下谁是焦点酒店企业的竞争对手。

3.2 基于 T-K-KNN 的酒店企业竞争对手识别方法

众所周知，互为竞争对手的企业提供的产品或服务在属性特征或功能上是相似的。考虑集中的相关酒店企业为顾客提供了相似的功能需求。而这些相似的功能需求通过顾客评论信息中产品属性特征的相似性将不同的酒店企业相关联，基于这种关联关系，本书结合信息熵、加权 K-Means 方法和 KNN 分类方法，提出了一个基于 T-K-KNN 的竞争对手识别方法，智能发现顾客感知的市场竞争结构，精准有效地识别出酒店企业的竞争对手，可视化展示其竞争优劣势，并获得在不同细分市场中影响顾客决策的酒店企业属性特征的相对重要性。具体流程如图 3-1 所示。首先，对获取的数据进行预处理。为了提高从大规模数据集中识别竞争对手的效率，本书利用信息熵识别酒店属性特征在不同星级酒店企业样本集中的相对重要性，以此提高识别方法的精准度。其次，采用加权 K-Means 聚类方法将训练集划分为若干簇，构造出一些新的小类训练样本集，这样搜索空间变成若干子集。最后，依据每个簇中的 K 近邻局部均值向量来识别焦点酒店企业的主要竞争对手。另外，本书不仅采用了常见的量化指标来评估基于 T-K-KNN 的竞争对手识别方法的精准度，还与其他几种方法相比较，来说明本书所提出的竞争对手识别方法的有效性，并用不同时间段的在线评论数据验证竞争对手识别方法的稳健性。

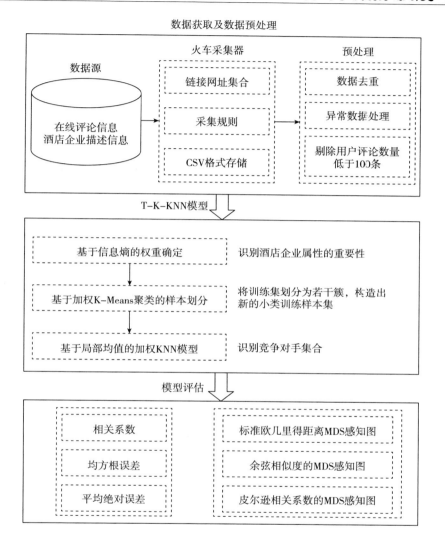

图 3-1　竞争对手识别流程

3.2.1　基于信息熵的属性特征权重确定

要精准识别竞争对手，应充分考虑产品不同的属性特征对输出结果的影响。很多研究证实，产品属性特征权重的大小对输出结果有着重要的影响（程启月，2010；郭凯红和李文立，2011）。权重的确定方法主要分为两大类：第一类是主观赋值法，如德尔菲法、层次分析法和模糊统计法（程启月，2010；Wiora 等，2016）。这些方法受专家经验和偏好的影响，导致输出结果的随意性和主观性较强。第二类是客观赋值法，如离差最大法、信息熵法、投影法（王晓等，2011；Liu 和 Teng，2019），此种方法利用数学规则或者信息评价方法进行较为严谨的评估计算。信息熵可用来衡量信息系统中各种随机性事件的出现概率和系统的无序状态（刘通等，2016；Zhang 等，2020）。而且由于信息熵不要求预先假定数据分布是已知的，且能够有效地度量属性特征间的非线性关系，因此，基于信息熵的属性特征权重算法引起了广泛的研究兴趣（Lee 等，2017；Liu 和 Teng，2019；Nilashi 等，2021）。本书利用信息熵来度量酒店企业属性特征的权重大小。属性特征信息熵的具体定义如下：

$$H_l = - \sum_{j=1}^{n} p_j^l \log_2^{p_j^l}, \quad j = 1, \cdots, N；l = 1, 2, \cdots, m \tag{3-1}$$

其中，$p_j^l = x_j^l / \sum_{j=1}^{n} x_j^l$，属性特征的权重可以定义为：

$$w_l = \frac{1 - H_l}{m - \sum_{l=1}^{m} H_l}, \quad l = 1, 2, \cdots, m \tag{3-2}$$

其中，$0 \leq w_l \leq 1$，$\sum_{l=1}^{m} w_l = 1$。

3.2.2 基于加权 K-Means 聚类的样本划分

K-Means 聚类算法是以数据对象之间的距离作为度量相似性的标准，把距离小的数据对象聚成一类（簇），最后形成多个簇，使相似度高的样本聚集在同一个簇内。为了提高聚类结果的簇内相似度，从而提高聚类精度，对特征进行加权聚类，这就是加权 K-Means 聚类算法。本书采用 Modha 和 Spangler（2003）提出的加权 K-Means 方法将训练集划分为若干簇，构造出一些新的小类训练样本集。

具体算法流程是：给定酒店企业样本数据集 X 和 n 个聚类簇目，$\{C_1, C_2, \cdots, C_n\}$ 是数据集 X 的一个划分结果。设类 C_i 的中心为 z，K-Means 聚类就是寻找 n 个分类中心 $\{z_1, z_2, \cdots, z_n\}$，通过更新簇的中心以重新调整划分，不断重复直至所有酒店企业样本 x 到最邻近的中心点 z_i 的距离之和满足收敛条件，进而选择最优结果。即：

$$C_i = \{ x_j n \mid \|x_j - z_i\| \leqslant \|x_j - z_q\|, \ q \in \{1, 2, \cdots, n\}, \ x_j \in X \} \qquad (3-3)$$

其中，$\|x_j - z_i\|$ 和 $\|x_j - z_q\|$ 是范数。本书采用的范数是 2-范数。

3.2.3　基于局部均值的加权 KNN 方法

为了衡量相关酒店企业在属性特征空间中的相似性程度，本书利用局部均值的加权 KNN 方法，识别焦点酒店企业最近邻的 k 个酒店企业，并将其作为竞争对手。KNN 方法是机器学习领域中广泛使用且有效的方法之一。在实践中，KNN 回归模型对包含噪声的数据集非常敏感（Mitani 和 Hamamoto，2006），并且假定所有属性特征对预测结果具有相同的重要性。

因此，为了提高从大规模数据集中识别竞争对手的精准度，本书首先采用信息熵发现酒店属性特征在不同星级酒店数据集中的相对重要性。其次采用加权 K-Means 聚类方法将训练集划分为若干簇，构造出一些新的小类训练样本集。最后利用每个簇中的 K 近邻局部均值向量来识别焦点酒店企业的竞争对手。局部均值的加权 KNN 方法的建构如下：

给定一个训练集：$T = \{ (x_j, \ y_j) \}_{j=1}^{N}$，$x_j = (x_j^1, \ x_j^2, \ \cdots, \ x_j^m) \in X$（$X = \mathcal{R}^m$）是第 j 个输入的酒店企业样本向量，且是 m 维的行向量，即酒店企业样

本具有 m 个属性，N 为训练样本个数。$y_j \in Y (Y \in \mathcal{R})$ 是每个酒店企业样本 x_j 对应的输出目标，即酒店企业销量。为了提高基于局部均值的加权 KNN 方法的鲁棒性，通过加权 K-Means 聚类方法，将输入样本集划分成 n 个聚类，记为 $\{C_1, C_2, \cdots, C_n\}$。假定 $T_n = \{(x_{nj}, y_{nj})\}_{j=1}^{N_n}$ 是训练样本集 T 中所有属于聚类 C_n 的子集，其个数为 $N_n (N_n < N)$。

属性特征空间中两个酒店企业样本之间的距离反映了它们的相似性。对于任意测试酒店企业样本 x，可根据式（3-4）计算与其距离最近的（最相似的）酒店企业。测试酒店企业样本 x 的 k 个近邻酒店企业需要从训练样本的每个子集 T_n 中查找。具体定义如下：

$$d(x, x_{nj}) = \sqrt{\sum_{l=1}^{m} w_l (x - x_{nj}^l)^2} \tag{3-4}$$

其中，w_l 是酒店企业第 l 个属性特征的权重，表示对酒店企业销量的影响，即酒店企业竞争力的重要程度。本书通过信息熵方法来确定权重 w_l。计算测试酒店企业样本 x 在每个子集 T_n 中的距离向量，按照升序排列，前 k 个酒店企业就是测试酒店企业样本 x 的近邻集合，记为 $T_{nk}^{NN} = \{(x_{nj}^{NN}, y_{nj}^{NN})\}_{j=1}^{k_i}$。

利用核函数计算每个子集 T_n 的输出结果，以解决输入变量之间的多重共线性问题。对于测试酒店企业样本 x，其光滑径向基函数——高斯核函数表示为：

$$K = \exp(-\|x - x_{nj}^{NN}\|^2 / 2\sigma^2), \tag{3-5}$$

其中，σ 是光滑参数，可以弥补 k 值取值过大时造成的预测精准度误差。在试验中，σ 的取值是 x_t 与 k 近邻之间平均距离的一半。因此，测试酒店企业样本 x 在每个子集 T_n 中的输出结果为 $\hat{y}_n$，定义如下：

$$\hat{y}_n = \frac{\sum_{j=1}^{k_n} y_{nj}^{NN} K(x, x_{nj}^{NN})}{\sum_{j=1}^{k_n} K(x, x_{nj}^{NN})} \tag{3-6}$$

在计算输出结果 $\hat{y}_n$ 的过程中，权重 w_1 和 k_n 是两个关键的参数，关系着本书提出的竞争对手识别方法输出结果的精准度。其中，权重 w_1 通过信息熵方法来确定。而近邻子集 k_n 也影响着最终输出结果，k_n 值较小时，可以降低预测模型累计误差，但这样会使输出结果对它的近邻样本非常敏感，很容易受到数据噪声的影响。具体来说，k_n 值越小，意味着模型越复杂，越容易出现过拟合问题。较大的 k_n 值会降低估计误差，但会增加累计误差，模型输出结果的精准度降低。因此，一般来说，k_n 通常从一个较小的数值开始。有学者使用十折交叉验证的方式评估 k_n 值的选取（Golub 等，1979）。具体过程就是对每个子集 T_n 中的 k_n 值做十折交叉验证得到 T-K-KNN 方法的输出结果，对比 T-K-KNN 输出结果和实际值之间的误差，选取误差最小的 k_n 值作为近邻集合。Cheng 等（2014）表明，k_n 的取值范围是 $3 \sim \sqrt{n}$，n 是样本量。

获得 k_n 后，计算测试酒店企业样本 x 与每个子集 T_n 中所有酒店企业样本距离的均值，即 $U_{nk} = \dfrac{1}{k_n} \sum_{j=1}^{k_n} x_{nj}^{NN}$。将局部均值最小所对应的 k_n 赋值给测试酒店企业样本，得到测试酒店企业的竞争对手集合，具体如下：

$$k = \arg \min_{k_n} d(x, U_{nk}) \tag{3-7}$$

基于 T-K-KNN 的竞争对手识别方法，首先利用信息熵来确定酒店企业属性特征的权重大小；其次利用加权 K-Means 聚类算法把整个训练样本分割为 C 个类别；再次采用加权 KNN 方法，分别针对 C 个类别构建模型，这样测试酒店企业样本 x 的最近邻 k 就可以在 C 个类别的训练数据集合中找到；最后计算测试酒店企业样本 x 与每个类别训练数据集的距离均值，局部均值最小对应的 k_n 就是测试酒店企业样本 x 的最近邻 k，即它的主要竞争对手集合。本书提出的方法考虑了不同细分市场中酒店属性对顾客感知影响的不同，而且初始训练集划分为若干簇,构造出小类训练样本集,从每个小类训练样本集中获得最近邻集合,这样避免了噪声的影响,提高了竞争对手识别的精准度。

3.2.4 模型评估

本书采用两种方式,评估 T-K-KNN 方法在识别酒店企业竞争对手方面的精准度和适应性。首先,本书将 T-K-KNN 方法与传统的 KNN 模型(S-KNN)(Wu 等,2008)和线性回归模型(LR)进行了比较。基于三个指标,即相关系数(CC)、平均绝对误差(MAE)和均方根误差(RMSE)评估 T-K-KNN 方法的精准度。具体地说,CC 度量预测值和观测值之间的相关程度,而 MAE 和 RMSE 度量观测值和预测值之间的偏差。当 CC 值最高,MAE 和 RMSE 值最低时,模型被认为性能是最佳的。三个指标的计算具体如下:

$$CC = \frac{\mathrm{Cov}(y_i, \hat{y}_i)}{\sqrt{\mathrm{Var}[y_i]\mathrm{Var}[\hat{y}_i]}} \tag{3-8}$$

$$MAE = \frac{1}{N}\sum_{i=1}^{N} |y_i - \hat{y}_i| \tag{3-9}$$

$$RMSE = \sqrt{\frac{1}{N}\sum_{i=1}^{N}(y_i - \hat{y}_i)^2} \tag{3-10}$$

其中,y_i 为观察值,$\hat{y}_i$ 为预测值,N 为样本数目,Cov 为协方差。

另外,在营销相关的竞争市场研究领域内,近年来常常采用 MDS 降维方法分析产品的竞争市场结构(Kim 等,2011;Netzer 等,2012;Nam 等,2017)。然而一些研究表明,由 MDS 创建的感知图在属性特征维度空间的可解释性差,难以准确地表达和解释最终结果(Daniel 和 Bernd,2016)。而基于 T-K-KNN 的竞争对手识别方法不仅可以测度酒店之间的相似性,而且还可以清晰表达竞争市场中产品在不同属性维度上的差异。因此，本书通过可视化方式比较了基于 T-K-KNN 的竞争对手识别方法与基于标准欧几里得距离、余弦相似度（Cosine）和皮尔逊相关系数（Pearson）等常用的相似性度量方法的优劣。属性特征空间中两个样本之间的距离反映了它们的相似性，而样本间的相似性度量方法与应用场景及数据类型紧密相关，并影响最终输出效果。其中，标准欧几里得距离是常用的一种相似性度量方法，属性特征间的相关性会影响相似度测量结果，对于高维空间数据，常常需要使用降维方法。余弦相似度主要用来测量两个样本向量在方向上的差异，可以弱化量纲标准不同造成的影响。皮尔逊相关系数是余弦相似度在维度值缺失情况下的改进，即在计算余弦相似度前，先对两个产品向量进行中心化。但两种方法计算复杂度比较高，影响高维数据聚类的效率。本书对基于 T-K-KNN 的竞争对手识别方法生成的酒店竞争关系可视化图与由上述三种相似性度量方法生成的 MDS 感知图进行了相似性和差异性分析，以验证基于 T-K-KNN 的竞争对手识别方法的适应性。

3.3　数据采集与数据描述

3.3.1　数据采集

本书的数据来源于中国领先的在线旅行网携程（www. Ctrip. com）上酒店企业的基本描述信息和顾客在线评论信息。携程提供航班机票、酒店预订和旅游度假等相关产品。使用携程上酒店企业样本数据有两个主要原因：①Liu 等（2018）指出，携程已经成为中国规模最大、增长最快的在线旅行网站之一，它在中国市场吸引了超过 1.35 亿用户，2018~2019 年的复合增长率为 25%。2019 年年报显示，携程全年净收入达到 45 亿美元，同比增长 16%。②与其他平台的数据不同，携程平台产生的数据是开放的，很多研究人员和相关组织使用携程平台上的数据来监测和分析不同领域的挑战性问题（Ye 等，2009；Leung 等，2011；Liu 等，2018；史达等，2020）。

为了获得携程上酒店企业相关数据，本书采用网络爬虫工具火车采集器进行数据的抓取。火车采集器是一款被广泛使用的网页数据抓取工具，它根据采集规则自动下载网页内容，从初始的链接集合开始，依次访问链接指向的页面，然后解析 html 文本，由采集规则自动提取网页中的信息，将采集的信息数据存储。图 3-2 是采集器采集规则页中部分在线评论信息提取的设置。本书利用火车采集器通过两个步骤从携程平台上获取酒店企业的基本描述信息和在线评论信息：①采集由文化和旅游部指定的 50 个重点旅游城市①中每个星级前 10 页上所有的酒店企业的基本描述信息，携程平台上目的地城市的页面能显示 25 家酒店企业，这样可以获得 12500 家酒店企业基本信息。②根据每家酒店企业的链接地址获取其详情页中 2016 年 1 月 1 日~12 月 30 日的在线评论信息，共采集到 8374102 条在线评论信息。数据的采集时间是 2017 年 8 月，删除有缺失项或重复信息的酒店企业样本，将清洗后的数据存储为 CSV 格式。本书最终得到了包含 5327114 条评论信息的 6409 家酒店企业样本。

---

① 数据来源于中华人民共和国文化和旅游部：http://zwgk.mct.gov.cn/zfxxgkml/tjxx/202012/t20201204_906478.html。

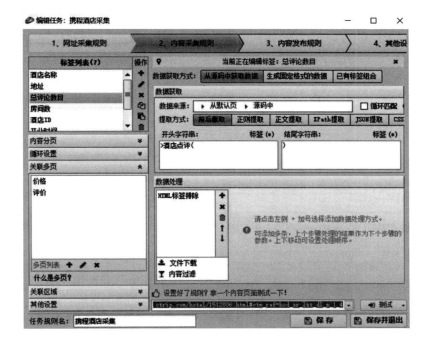

图 3-2　火车采集器采集规则页中部分在线评论信息提取设置

3.3.2　数据描述

如表 3-1 所示，对于每个酒店企业样本，收集到的数据分为两种类型：第一类是酒店企业的基本描述信息，包括酒店星级、房间数和价格，其中，价格是每家酒店标准间的价格，因为标准间是每个酒店企业都会提供的房间类型。第二类是酒店企业的量化评论信息，包括排名、酒店销量、推荐率、点评分，以及位置、服务、设施和卫生四个维度的点评分。根据携程对酒店企业的星级分类，本书将酒店企业分为四个等级，包括二星级及以下（经济型）、三星级（舒适型）、四星级（高端型）和五星级（豪华型）。

表 3-1　变量说明

数据类型	变量名	描述
酒店企业的基本描述信息	星级	二星级至五星级酒店
	房间数	酒店的规模大小
	价格	Ctrip.com 上显示酒店房间的最低价格
酒店企业的量化评论信息	排名	酒店企业在 Ctrip.com 搜索结果页面中的相对位置
	酒店销量	2016 年 1~12 月的顾客评论数量
	推荐率	所有预订过酒店房间并愿意向他人推荐该酒店的用占比例
	点评分	酒店所有顾客评论信息的平均点评分
	位置	顾客对酒店位置方便程度给出的量化评价
	服务	顾客对酒店服务质量给出的量化评价
	设施	顾客对酒店设施给出的量化评价
	卫生	顾客对酒店清洁程度给出的量化评价

另外，电子商务平台上顾客评论信息的数量反映了服务提供商的受欢迎程度，可以影响多达 80% 的在线顾客购买决策（Kumar 和 Pansari，2016；Thakur，2018）。为了评估酒店服务质量，潜在顾客会登录购物平台查看以往顾客的评论信息（Ye 等，2009；Liu 等，2018）。在线评论信息会影响在线市场中服务提供商的销售业绩（Jin 等，2016；Gur 和 Greckhamer，2019）。Ye 等（2009）研究发现，在线评论信息的数量与酒店企业销量呈线性正相关关系。而且，携程平台规定，只有在平台上预订过酒店的顾客才能发布评论。因此，本书用 2016 年的酒店企业顾客总点评数量代表酒店企业当年销量业绩，酒店企业销量作为模型的因变量。表 3-2 显示了使用变量的描述性统计。

表 3-2　变量的描述性统计

类别	变量	最小值	最大值	均值	标准差	类别	变量	最小值	最大值	均值	标准差
二星级	排名	1	250			三星级	排名	1	250		
	价格	25	653	145.01	58.693		价格	48	2539	206.04	106.943
	房间数	5	399	97.26	46.966		房间数	5	1100	122.98	75.458
	推荐率	0.76	1.00	0.9426	0.03635		推荐率	0.65	1.00	0.9376	0.03871
	点评分	3.4	4.9	4.262	0.2310		点评分	3.0	5.0	4.229	0.2524
	位置	3.4	4.9	4.329	0.2383		位置	3.1	5.0	4.316	0.2496
	设备	3.0	4.9	4.121	0.2846		设备	2.7	5.0	4.094	0.3232
	服务	3.3	5.0	4.285	0.2431		服务	3.1	5.0	4.221	0.2625
	卫生	3.2	4.9	4.313	0.2556		卫生	2.9	5.0	4.281	0.2761
	酒店销量	88	3367	914.37	813.133		酒店销量	67	1567	696.51	708.372
	N		1954				N		1580		
四星级	排名	1	250			五星级	排名	1	250		
	价格	170	3600	306.23	152.740		价格	268	3105	606.45	335.781
	房间数	8	1092	187.84	102.810		房间数	12	1525	313.98	162.460
	推荐率	0.74	1.00	0.9521	0.02986		推荐率	0.17	1.00	0.9686	0.03050
	点评分	3.5	4.9	4.314	0.2079		点评分	3.8	4.9	4.535	0.1548
	位置	3.3	5.0	4.368	0.2173		位置	3.7	4.9	4.520	0.2020
	设备	3.0	4.9	4.200	0.2742		设备	3.4	4.9	4.474	0.2043
	服务	1.0	5.0	4.298	0.2470		服务	3.7	4.9	4.522	0.1586
	卫生	3.5	4.9	4.388	0.2184		卫生	3.8	4.9	4.620	0.1522
	酒店销量	47	6607	2334.08	1952.063		酒店销量	145	14524	3113.88	2345.485
	N		1478				N		1397		

3.4　结果与分析

3.4.1　模型对比分析

为了评估基于 T-K-KNN 的竞争对手识别方法的精准度、有效性和适应性，本书将其与两个基准模型，即 LR 和 S-KNN 进行了比较。表 3-3 列出了比较结果。从表中可以看到，基于 T-K-KNN 的竞争对手识别方法的 CC 值都在 0.6 以上，说明预测数据与观察数据之间存在中等到强的线性相关关系。从预测效果来看，本书 T-K-KNN 方法在五星级酒店企业数据集中的拟合效果最好，拟合度为 0.859。三星级酒店企业数据集的拟合度只有 0.681，但拟合效果也优于 LR 和 S-KNN 模型。对于所有星级酒店企业，基于 T-K-KNN 的竞争对手识别方法的 CC 值都高于 LR 和 S-KNN 模型，表明基于 T-K-KNN 的竞争对手识别方法在 CC 指标方面优于其他两个模型。

表 3-3　T-K-KNN 方法与 LR、S-KNN 模型在三个指标上的比较

	LR	S-KNN	T-K-KNN
二星级			
CC	0.672	0.659	0.783
MAE	0.356	0.294	0.180
RMSE	0.530	0.430	0.361
三星级			
CC	0.575	0.615	0.681
MAE	0.470	0.296	0.258

续表

	LR	S-KNN	T-K-KNN
RMSE	0.720	0.542	0.437
四星级			
CC	0.613	0.645	0.717
MAE	0.564	0.425	0.314
RMSE	0.648	0.569	0.397
五星级			
CC	0.595	0.632	0.859
MAE	0.384	0.304	0.157
RMSE	0.455	0.423	0.253

在 MAE 和 RMSE 指标的评价中，与基准模型相比，对于所有星级酒店，LR 模型的平均改善幅度分别为 49.51% 和 32.63%，S-KNN 模型的平均改善幅度分别为 38.58% 和 26.46%。总体而言，基于 T-K-KNN 的竞争对手识别方法在 CC 指标上达到了最高值，在 MAE 和 RMSE 指标上的取值最低，其预测效果明显高于两个基准模型，也就是说，在识别竞争对手精准度上其优于 LR 和 S-KNN 模型。

为了进一步说明基于 T-K-KNN 竞争对手识别方法的有效性，本书可视化比较 T-K-KNN 方法与不同相似度度量方法（如标准欧氏距离、余弦相似度和皮尔逊相关系数）下的 MDS 输出结果。以 B 酒店作为焦点酒店企业，结果如图 3-3 所示。其中，图 3-3（a）是基于加权欧氏距离相似度函数的 T-K-KNN 方法生成的感知图，图 3-3（b）、3-3（c）、3-3（d）是通过标准欧氏距离、余弦相似度和皮尔逊相关系数生成的 MDS 感知图。图 3-3（a）使用价格和位置作为 XY 图的横纵坐标轴，并将酒店企业分成四个不同的集群。焦点酒店企业的集群位于右上象限，表明顾客对酒店企业位置的评价非常好。同时，房间的平均价格也较高（1121 元人民币）。然而，针对同样的数据集，由于数据集中的产品数量过多，MDS 感知图中的散点过于密集，很难清晰地反映出焦点酒店企业的竞争市场结构，而且在维度空间上不能准确地表达可视化结果。

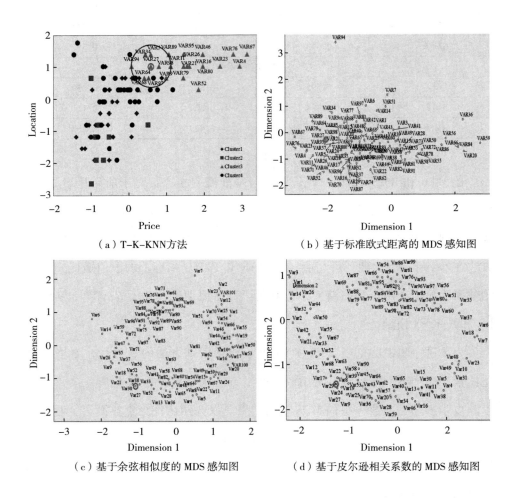

（a）T–K–KNN方法

（b）基于标准欧式距离的 MDS 感知图

（c）基于余弦相似度的 MDS 感知图

（d）基于皮尔逊相关系数的 MDS 感知图

图 3-3　基于不同相似性测度方法的酒店企业竞争市场结构

3.4.2　酒店企业属性特征的重要性

对数据进行预处理后，将所有变量进行归一化，以消除变量之间的不同量纲和量纲单位的影响。基于 T-K-KNN 的竞争对手识别方法的第一步是利用信息熵计算不同细分市场（不同的酒店星级）中酒店属性特征的权重大小。图 3-4 显示了不同星级酒店类别中属性特征的权重。由图可知，酒店星级不同，酒店属性特征的重要性也不同。其中，酒店规模是所有酒店（二星级到五星级）最重要的属性特征。从二星级到五星级，权重值分别为 0.33、0.24、0.28 和 0.30。在其他属性特征方面，不同星级的酒店结果有很大不同。酒店规模用房间数量表示，而酒店房间的数量与星级密切相关，四星级和五星级酒店的客房数量明显多于二星级和三星级酒店。这表明拥有更多房间的酒店可能会得到更多的评论，这反过来又会促成更多的预订量。这一发现与 Phillips 等（2015）的研究结果一致。值得注意的是，酒店一旦建造好，其规模一般不会发生变化。因此，对于连锁酒店来说，管理者应该在酒店的选址和采购中考虑到这一特性（Song 和 Ko，2017）。

对于二星级酒店来说，排名（0.28）是第二个重要属性特征，与其他星级酒店相比，排名（0.28）对酒店销量的影响最大。二星级酒店在城市酒店总数中占很大比例，例如，携程网上广州经济型酒店的占比为 93.2%。Chen 和 Yao（2016）认为，在搜索页面上的排名越高，酒店的点击率也越高，顾客很容易把排名靠前的酒店纳入选择集中。因此，经济型酒店的管理者在制定营销策略时，可以通过 OTA 的搜索优化提高其企业的搜索排名，以提高利润回报率。相比于其他星级酒店，价格（0.17）的权重较大。二星级酒店市场的结果表明，在这一细分市场中，顾客更关心价格，而不是地理位置，这一结论与 Mohammed 等（2014）的说法是一致的。从二星级酒店各个属性特

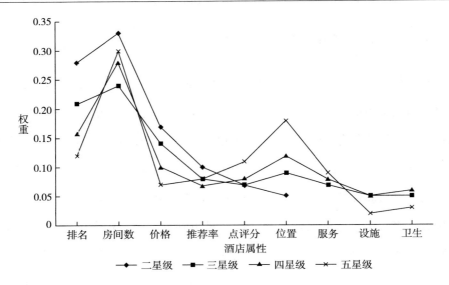

图 3-4 不同星级酒店企业属性特征的权重

征的权重值中可知，选择经济型酒店的顾客对价格比较敏感，当酒店的价格达到预期时，酒店的其他属性特征对顾客的购买行为影响很小。

与二星级酒店相比，三星级酒店的排名权重（0.21）有所降低，但重要性仍排在第二位。价格（0.14）排在第三名，其次是位置（0.09）、推荐率（0.08）、服务（0.07）和点评分（0.07），设施和卫生的权重均为 0.05。特别是，除了搜索排名属性特征，其他的属性特征权重值差异小，可能的原因是对于中档型酒店，顾客对各个属性特征的考虑比较均衡。不过三星级酒店的管理者依然要注意，酒店在 OTA 平台上的搜索排名是不容忽视的，顾客可能会对三星级酒店有更高的期望，如在服务、设施和卫生方面。

四星级酒店的排名权重（0.16）和价格权重（0.10）均低于二星级和三星级酒店。在这一细分市场中，它们都变得不那么重要了。此外，位置的权重（0.12）提升，对于四星级酒店的顾客来说，在选择酒店时，首先酒店的位置（靠近风景名胜区、商业区和公共交通枢纽）比价格更重要。其次分别是推荐率（0.07）、点评分（0.08）和服务（0.08）。最不重要的属性特征是设施和卫生，权重分别是 0.06 和 0.05。当然，权重值较低的属性特征并不意味着不会影响顾客的购买行为，而是表明权重高的属性特征更容易被顾客关注。

对于五星级酒店，位置（0.18）是比较重要的属性特征，高于其他星级酒店。值得注意的是，排名（0.12）和价格（0.07）对于五星级酒店来说没有其他星级酒店那么重要。尽管如此，排名仍然是五星级酒店的第三重要属性特征。紧随其后的是推荐率（0.08）、点评分（0.11）和服务（0.09）、卫生（0.03）和设施（0.02）。对于五星级酒店来说，虽然地理位置只是第二重要的属性特征，但它的权重高于其他星级酒店。与其他星级酒店相比，价格和搜索排名属性特征的权重较低。一方面，这表明顾客愿意在位置便利性上花销更多。另一方面，Pavlou 和 Dimoka（2006）指出，高端五星级酒店在OTA 的网站上很容易被顾客查看到。在目的地城市里，高端酒店的数量相对较少，顾客能在两页内浏览完所有的五星级酒店。因此，对于五星级酒店的管理者来说，可以减少对搜索排名的关注。

总体来说，星级不同，酒店属性特征对顾客的重要性也不同。中低端酒店的顾客更关注价格，而高端豪华型酒店的顾客更看重位置便利性。但是对于任何星级的酒店来说，推荐率和点评分都非常重要。这也说明，酒店企业要想在市场竞争中获得竞争优势，高推荐率和高点评分是酒店企业不可忽略的。值得一提的是，对于豪华酒店来说，设施和卫生是很重要的，然而在这个细分领域中，两个属性特征的权重却比较小，这与 Nasution 和 Mavondo（2008）的研究结果相反。一种可能的解释是，顾客理所当然地认为豪华酒店会提供高质量的服务和设施，所以他们更关注酒店的位置。另外，尽管在所有的星级类别里，服务属性特征的权重不高，但是伴随着酒店级别的升高，服务的重要性也是增加的。

3.4.3　竞争对手识别

基于加权 K-Means 方法将训练数据集划分为 4 个聚类，并利用加权的 KNN 分别针对每个子集建立模型，在十折交叉验证过程中比较子集训练数据集上构建模型的最小累计误差平方和，以确定其 k 的取值。为了能清晰展示仿真结果，图 3-5 展示了本书在交叉验证过程中误差平方和对应的 k 值。依据子集中所选取的 k 个近邻的局部均值去判断焦点酒店的 k 个竞争对手。二星级到五星级的酒店，对应 k 的取值分别为 8、6、16 和 9。换句话说，从顾客的角度来看，不同细分市场的管理者可以准确地识别酒店有多少个主要竞争对手：三星级酒店最多 6 家，四星级酒店最多 16 家。然而，k 的取值会受到数据集的影响，不同的数据集获得的 k 值是不同的（Cheng 等，2014）。

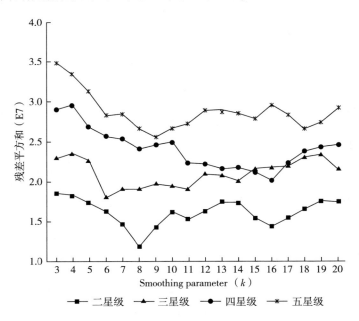

图 3-5　交叉验证中误差平方和对应的 k 值

OTA 的推荐系统根据用户和产品的相关信息来预测用户感兴趣的酒店，通常与顾客正在考虑的酒店进行超链接，使顾客能够在相互链接的酒店间轻松切换。Oestreicher-Singer 和 Sundararajan（2012）指出，推荐系统就如实体商店货架上相邻位置摆放的商品，商品位置越相邻，它们之间的竞争就越激烈。在携程平台上以焦点酒店企业为关键词进行搜索，会看到包括焦点酒店企业在内的周边其他同类型酒店企业。如图 3-6 所示，这些周边同类型酒店就是基于 OTA 推荐系统获得的竞争对手集合。

为了验证竞争对手集合的精准性，本书将从顾客视角识别的竞争对手集合与携程 OTA 视角的竞争对手集合进行比较。随机选择二星级的 A 酒店（广州琶洲会展中心店）和五星级的 B 酒店为焦点酒店企业，识别并可视化两个酒店企业的竞争对手及在不同属性特征上的差异。结果如图 3-7 所示，其中，图 3-7（a）和图 3-7（b）分别是通过基于 T-K-KNN 的竞争对手识别方法和 OTA 识别的 A 酒店的竞争对手集，本书比较了两个竞争对手的集合，发现其中没有相同的酒店企业。然而，图 3-7（c）为基于 T-K-KNN 的竞争对手识别方法识别出的 B 酒店竞争对手集合，其中有 3 家酒店企业与 OTA 推荐的酒店企业一致，具体如图 3-7（d）所示。造成上述差异的可能原因是顾客视角的权益与 OTA 平台的利益不一致，从而使 OTA 推荐系统算法和本研究提出的方法在属性特征选择或者相似判断准则方面存在差异。

另外，本书从属性特征方面比较焦点酒店企业竞争对手之间的差异。A 酒店在点评分、位置、服务、卫生和推荐率方面具有优势，其价格在图 3-7（a）中处于中高水平。虽然 A 酒店与竞争对手相比具有这些优势，但它并不是市场上最受欢迎的酒店。对 A 酒店的酒店管理者来说，一个切实可行的建议是，优先考虑在搜索排名和设施方面进行投资，以实现销量业绩增加。在图 3-7（c）中，和竞争对手相比，B 酒店在位置、服务和点评分上有绝对

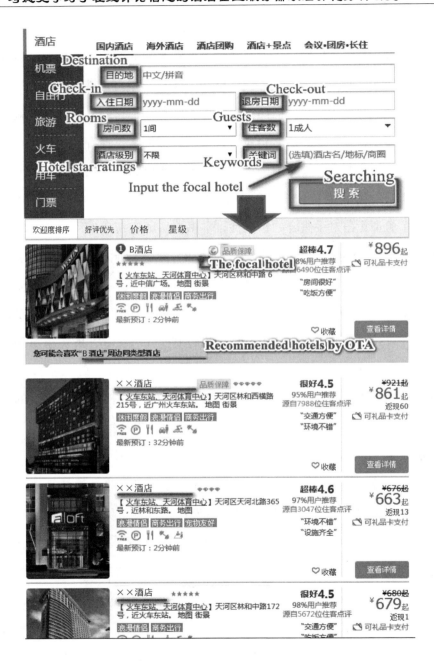

图3-6　OTA 推荐焦点酒店企业周边同类型酒店企业的示例

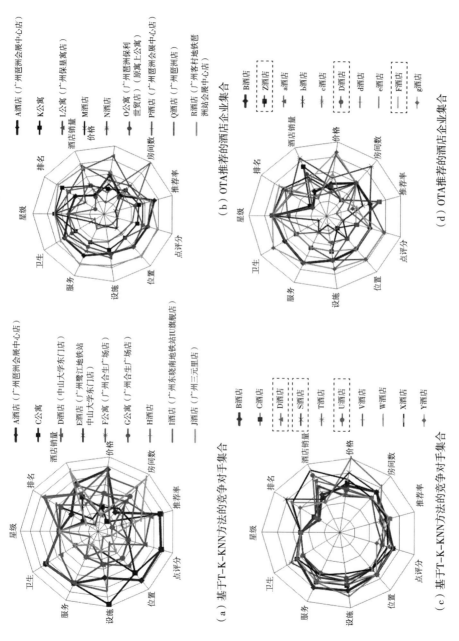

图 3-7 T-K-KNN 方法识别的竞争对手和 OTA 推荐的酒店企业集合

的优势，但其搜索排名较为靠后致使酒店的销量不高。B 酒店要想提高竞争力，必须在一些劣势属性特征上改进，例如，改善酒店的卫生环境以提高酒店的竞争力。

3.4.4 预测酒店企业销量

在得到 k 和 w_1 后，基于 k 个最近邻距离酒店企业的相关属性特征，利用核函数对酒店销量进行预测。通过对酒店企业销量的精准预测（预测误差最小），可以进一步说明 k 取值的准确性。本书通过趋势图展示预测值与真实值的比较。图 3-8 展示了测试数据集中不同星级酒店中的 30 家酒店企业销量的预测结果。可以直观看出，基于 T-K-KNN 的竞争对手识别方法所预测的结果和酒店真实销量数据的变化趋势基本一致，模型拟合度较好。因此，本书提出的 T-K-KNN 方法能够有效地识别酒店企业的竞争对手。

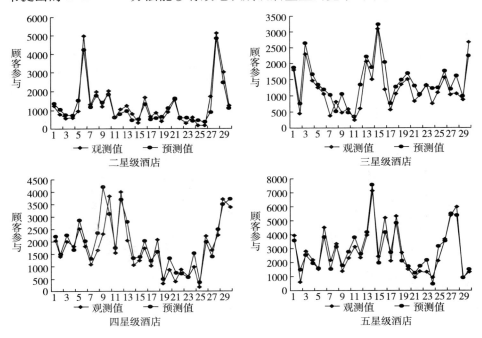

图 3-8　预测不同星级酒店企业的销量

3.4.5　稳健性检验

为了确保以上结果的稳健性，本书更换不同时间段酒店企业样本和选择子样本方法对基于 T-K-KNN 的竞争对手识别方法进行检验。2020 年 7 月，收集了携程平台上 2018 年 1～12 月酒店企业的在线评论信息及基本描述信息，并利用 T-K-KNN 的竞争对手识别方法进行销量预测，得到 2018 年酒店企业销量结果。需要注意的是，由于两个时间段内一些酒店企业可能停业或者终止与携程网的合作关系，因此两个时间段数据集合中涉及的酒店样本有所不同。为了保持酒店企业样本数据的一致性，本书从四个细分市场中随机选取 30 家同时出现在这两个时间段内的酒店企业进行模型训练。

首先，利用方差分析比较四个细分市场中两个时间段数据集合的差异性，结果如表 3-4 所示。数据显示，所有 p 值均大于 0.05，表明两个时间段数据集合的预测结果在统计学上没有显著差异。其次，绘制 2016 年和 2018 年的预测结果走势图（见图 3-9），从图中可以得知，两个年度的曲线走势是一致的。由 ANOVA 比较和两个年度的预测结果走势图可知，基于 T-K-KNN 的竞争对手识别方法是稳健的。

表 3-4　2016 年和 2018 年不同星级酒店预测结果的方差分析（ANOVA）比较

	方差来源	平分和	df	均方和	F	p 值
二星级酒店	组间	22.160	1	22.160	2.325	0.758
	组内	934.055	98	9.531		
	总计	1660.720	99			
三星级酒店	组间	98.240	1	98.240	3.230	0.213
	组内	7827.250	98	30.415		
	总计	7925.490	99			

	方差来源	平分和	df	均方和	F	p 值
四星级酒店	组间	36.572	1	36.572	2.893	0.652
	组内	1238.871	98	12.641		
	总计	1275.443	99			
五星级酒店	组间	19.827	1	19.827	1.678	0.893
	组内	1157.953	98	11.816		
	总计	1177.780	99			

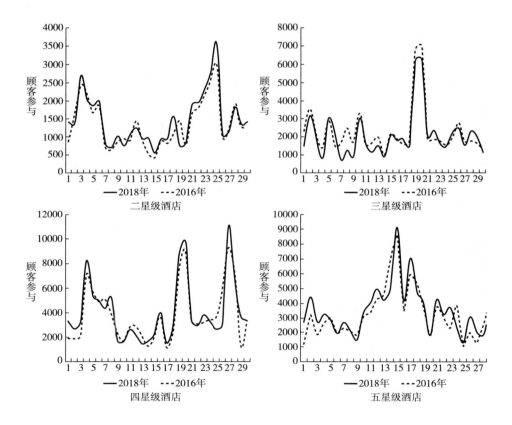

图 3-9　2016 年和 2018 年不同星级酒店企业销量的预测值趋势

3.5　本章小结

　　开放的、海量的在线评论信息为酒店企业识别竞争对手提供了顾客视角和数据来源。在线评论信息是顾客购买行为的重要影响因素，顾客预订酒店的过程实际上隐含着一个顾客感知的市场竞争关系，这种竞争关系通过在线评论信息中产品属性特征的相似性将不同的酒店企业相关联。基于这种关联性，本书提出了一种基于 T−K−KNN 的竞争对手识别方法，首先，利用信息熵识别酒店企业属性特征在不同星级酒店企业样本集中的相对重要性，以此提高模型的准确度。其次，采用加权 K-Means 聚类方法将训练集划分为若干簇，构造出一些新的小类训练样本集。最后，利用每个簇中的 k 近邻局部均值向量来识别焦点酒店企业的竞争对手。本书利用携程网上中国 50 个重要城市 6409 个酒店企业的 500 多万条在线评论信息样本，验证了所提出竞争对手识别方法的有效性和适应性。研究结论表明，不同星级的酒店企业其属性特征的重要性不同。例如，搜索排名对于二星级酒店来说很重要，因为在目的地城市酒店总数中占比较大，搜索页内排名靠前的二星级酒店较容易被顾客纳入考虑集。而对于五星级酒店来说，因为目的地城市中豪华酒店数量有限，五星级酒店能够在少量的结果搜索页内全部显示，因此，在这一细分领域，位置属性更重要些。另外，研究结论也为酒店管理者提供了一个系统、有效的智能方法来识别该酒店的主要竞争对手、监测市场偏好，从而确保服务质量，并制定有效的营销策略。

第4章 竞争对手在线评论信息对酒店企业的负向溢出效应分析

本章基于第3章构建的竞争对手识别方法对焦点酒店企业进行竞争对手识别，然后基于竞争对手的在线评论信息做进一步探讨研究。在电子商务平台上获得较高顾客评价的酒店企业，通常意味着该酒店顾客满意度较高，这反过来又能为酒店企业赢得声誉并对销量产生积极的影响（Chevalier 和 Mayzlin，2006；Sparks 和 Browning，2011；Lee 等，2020），然而当考虑到竞争对手的影响时，例如，当竞争对手得到更积极的顾客评价时，焦点酒店企业自身评论信息的效果可能就不那么明显了。顾客在购买时不会只考虑感兴趣的产品或服务的在线评论信息，而是会对众多相似的产品或服务进行比较，竞争对手的在线评论信息会影响顾客对焦点酒店企业产品或服务的感知，从而产生负向溢出效应。目前，大多数研究探索单一酒店企业在线评论信息产生的经济效益，而忽视了从竞争的视角研究相关酒店企业在线评论信息相互作用的影响机制。因此，本书利用线索诊断理论和前景理论探讨竞争对手的在线评论信息影响顾客对焦点酒店企业产品或服务的感知，进而对焦点酒店产生负向溢出效应，指出竞争对手点评分的可信度、竞争对手点评分的离散度和酒店星级对负向溢出效应的程度有调节作用。研究结果有助于酒店管理者深入地理解在线评论信息的竞争机制，进行差异化的在线评论信息管理。

4.1　问题描述

在当今快速变化的服务行业，顾客产生的在线评论信息正变得越来越有影响力，尤其是在酒店行业（Cantallops 和 Salvi，2014；Gavilan 等，2018；Chakraborty 和 Biswal，2020；Nilashi 等，2021）。酒店提供的是一种体验型产品，在线评论信息能够消除顾客对产品或服务质量的不确定性感知，在顾客的购买决策中扮演着重要的角色（Kwark 等，2014；Nilashi 等，2021）。在线评论信息产生的社会经济影响已经受到学术界和从业者的广泛关注，近十几年来，很多研究探讨了在线评论信息对顾客购买行为的影响、在线评论信息的有用性（Filieri 等，2018；Lee 等，2020）、在线评论信息的情感极性（Li 等，2019；Singh 等，2022；Wang 等，2022）、基于在线评论信息的推荐系统（Oestreicher‐Singer 和 Sundararajan，2012；liu 等，2018）、基于在线评论信息的激励机制（Huang 等，2019；马超 等，2020）、基于在线评论的产品设计创新（Antons 和 Breidbach，2018；Yip 等，2022）、在线评论信息对产品销售的影响（Chevalier 和 Mayzlin，2006；Wang 等，2015；Li 等，2020；Wang 等，2022）。还有一些研究探讨了在线评论信息产生影响的边界条件，例如，产品类别（Xu 和 Li，2016；Luo 等，2021）、顾客特征（Zhu 和 Zhang，2010；Oliveira 等，2022）、评论者特征（Filieri 等，2019；Luo 等，2021）、品牌强度（Baker，2016）、价格（Wen 等，2021）和产品特征的数量（Xie 和 Kwok，2017）等。然而这些主要探讨企业自身在线评论信息产生的经济效益（Liang 和 Wang，2019；Kwark 等，2021）。

事实上，大量研究表明，在线评论信息使商家的竞争愈加激烈（Xia 等，2019；Ye 等，2020），Pelsmacker 等（2018）研究发现，在线评论信息的数量、点评分以及文本长度反映了服务提供商的竞争性营销策略，会对其服务市场产生影响。Bai 等探讨了在线评论信息和本地竞争如何共同影响产品的促销策略。Zhu 和 Zhang（2010）认为，只有顾客对在线评论信息有足够信任时，在线评论信息才会影响产品销售，而企业之间的竞争是影响信任的因素之一。Ye 等（2022）根据电子商务平台上的在线评论信息识别竞争对手，发现越来越多管理者开始监控和分析开放的在线评论信息，以此作为经营决策的基础。Dellarocas 等（2007）指出，在竞争激烈的市场环境中，为了避免顾客受到负面在线评论信息的影响，一些企业会额外支出一笔费用来监控甚至操纵在线评论信息。Chevalier 和 Mayzlin（2006）指出，在产品技术方面不如竞争对手的企业，它们会在在线评论信息上投入更多的资金。尽管以上研究证实了在线评论信息正在以一种竞争的方式改变商业环境，然而很少有研究从竞争的视角探讨相关企业的在线评论信息相互影响的机制。

一般来说，获得顾客较高评价的企业通常意味着有更高的销量，然而考虑到竞争对手的影响时，例如，当竞争对手受到更积极的顾客评价时，焦点酒店企业自身评论信息的效果可能就不那么明显了。竞争对手在线评论信息在增强或降低自身吸引力的同时，也可能降低或提升焦点酒店企业的相对吸引力，竞争对手在线评论信息可能影响顾客对其他产品的感知，从而产生溢出效应。也就是说，顾客在线购物时，不仅考虑最感兴趣企业产品的在线评论信息，还会对多个企业产品的在线评论信息进行比较，竞争对手在线评论信息会影响顾客对焦点企业的服务感知，进而影响焦点企业的销量。竞争对手的相关信息对顾客购买焦点产品产生的影响在一些研究中证实，然而，竞争对手在线评论信息产生溢出效应的相关研究还相对缺乏（Chae 等，2017；汪涛和于雪，2019；Kwark 等，2021）。

有少量的研究探讨了在线评论信息产生溢出效应的影响机制。例如，有研究发现，一个独占性垄断企业不能从竞争对手的正面口碑产生的外部性效应中受益，然而当顾客对价格不敏感时，企业放弃专营权使企业能够从竞争对手的正面口碑中获益。Chae 等（2017）提出了一个种子用户口碑传播效果的溢出效应框架，基于化妆品行业的数据，研究发现，种子用户的口碑对焦点产品口碑产生正向溢出效应。同时，种子用户的口碑对跨品牌和跨类别竞争对手的口碑产生负向影响。Kwark 等（2021）利用一家大型零售商的点击流数据，探讨互补或者替代产品的在线评论信息对顾客购买焦点产品所产生的溢出效应，并提出媒体渠道、品牌、顾客体验能够增强或减弱这种溢出效应。尽管这些研究探讨了竞争对手在线评论信息的溢出效应，以及指出产品类型或顾客特征等能够调节溢出效应产生的影响。但是，鲜有研究论证酒店行业竞争对手在线评论信息的溢出效应，特别是竞争对手的相关特征，如竞争对手点评分的离散度和竞争对手点评分的可信度对竞争对手在线评论信息溢出效应的影响。

综上所述，在线评论信息作为一种营销工具（龚诗阳等，2018；Krishen 等，2021），影响着顾客的购买决策，大多数研究探讨了单一企业的在线评论信息对顾客行为及企业自身产生的影响，却忽视了从竞争的视角研究相关企业在线评论信息的相互作用如何影响顾客对焦点企业产品或服务的感知，进而影响企业销量的复杂过程。事实上，面对激烈的同质化竞争市场环境，酒店企业不仅要了解自身在线评论信息产生的经济效益，还要洞察整个市场环境，深入了解竞争对手在线评论信息是如何影响顾客感知，进而影响焦点酒店企业销量的。另外，目前的研究表明，酒店企业服务质量可以缓解竞争对手评论信息与酒店企业销量之间的关系，其中，提供较低质量服务的酒店企业更可能受到竞争对手评论信息的影响，而提供较高质量服务的酒店企业受到的影响较小。关于酒店企业的质量，顾客通常参考行业星级标准（Kim 和 Canina，2011；Xu 和 Li，2016）进行判断或从在线评论信息中获得质量感知（Xie 等，2016；Shamim 等，2021；李宗伟等，2021）。鉴于此，本书还将探索焦点酒店企业自身星级和竞争对手点评分的离散度及竞争对手点评分的可信度是否具有调节作用，即是否会增强或减弱竞争对手在线评论信息的溢出效应。

在本章中，采用在线点评分来衡量在线评论信息，因为在线点评分是顾客推断产品或服务质量的一个重要信号，也是预测产品销量的一个重要指标（Singh 等，2022；Kwark 等，2021），高的点评分会增加企业的产品销量，而低的点评分会降低企业收入（Chevalier 和 Mayzlin；2006）。Sparks 和 Browning（2011）认为，酒店企业的点评分会影响潜在顾客的评估和信任，从而影响预订意愿。有学者指出，90% 的购买决策受到顾客点评分的影响，世界上最大的零售商亚马逊最受欢迎的一个功能就是顾客的星级评分。

4.2　理论模型构建

4.2.1　竞争对手点评分对焦点酒店企业的负向溢出效应

在线点评分是众多顾客对产品的总体评价，传达着顾客的总体满意程度，是群体智慧的反映。当两种产品或服务都满足顾客相同或相似的需求时，往往被顾客视为替代品，从而面临着相互竞争。Pelsmacker 等（2018）指出，点评分会对服务市场产生影响。因此，除焦点企业产品的点评分外，其他竞争产品的点评分也会对顾客产生影响。Jabr 和 Zheng（2014）研究发现，焦点企业产品的销量会随着竞争对手点评分的提高而下降。Liang 和 Wang（2019）在研究地理位置相邻的商铺在线评论信息的相互影响时发现，如果商铺经营同类型商品，那么邻近商铺的点评分会对中心商铺评论产生负面影响。Kwark 等（2021）分析了相关产品评论对焦点企业产品销售的溢出效应，研究发现，替代产品的点评分对顾客购买焦点企业产品具有负向作用。Chae 等（2017）研究种子用户口碑传播效果时发现，焦点企业产品种子用户的口碑对跨品牌竞争对手的口碑具有负向溢出效应。汪涛和于雪（2019）利用餐馆的相关数据，根据可及性—诊断性理论探讨口碑在竞争性体验型产品之间的溢出效应，以及品牌对溢出效应程度的调节作用，研究发现，一个品牌的在线口碑上升会使竞争品牌的绩效下降。

基于此，不能孤立地考虑点评分对顾客的影响效果，在其他条件相同的情况下，提高竞争对手的点评分就会降低焦点企业的吸引力。很多研究表明，点评分与企业提供的产品或服务质量高度相关（Ye 等，2014），点评分是衡量企业产品或服务质量的有效指标（Becerra 等，2013；Ye 等，2014）。当竞争对手的点评分高于焦点企业时，顾客会认为竞争对手能够提供比焦点企业更高质量的产品或服务，那么焦点企业的相对吸引力会降低。特别是酒店企业提供的是一种体验式产品，与易于分类和评估的搜索型产品相比，体验型产品的好与坏是很难客观定义的，顾客会更加依赖在线评论信息（Rhee 和 Yang，2015；Wen 等，2021）。点评分越高，意味着焦点酒店企业提供的产品和服务的质量越高。在特定的情境下，竞争对手的点评分高，竞争对手越有吸引力，焦点酒店企业的吸引力降低，竞争对手的点评分产生负向的溢出效应。因此，本书提出如下假设：

H1：竞争对手的点评分对焦点酒店企业产生负向溢出效应。

4.2.2 竞争对手点评分可信度的调节作用

点评分可信度是顾客对评论信息的信任程度。Thomas 等（2019）认为，点评分的不一致性会影响评论信息的可信度，顾客更愿意相信具有一致性的评论信息。点评分不一致反映了企业产品或服务的总体点评分和个别顾客点评分之间有差异，点评分呈现出高度离散性。点评分不一致性越高，评论信息的可信度就越低（Khare 等，2011）。Lee 等（2020）研究发现，产品点评分的高度离散意味着点评分不能代表评论信息的真实质量，从而降低了顾客对点评分的信任。因此，竞争对手点评分可信度影响顾客对其产品或服务点评分的信任判断。竞争对手点评分可信度低，表明竞争对手点评分有较大的离散度，竞争对手提供的产品或服务质量有很大的不确定性。线索诊断理论表明，顾客在购买决策中对特定信息线索的依赖和使用取决于其诊断性，如果顾客很难对产品或服务质量做出评估时，其感知到的购买决策风险加大，信息线索是低诊断性的。反之，如果顾客较容易判定产品或服务的质量时，其感知到的购买决策风险降低，信息线索是高诊断性的。不确定性大的质量信号使顾客面临较大的购买决策风险，此时，点评分线索诊断性低，顾客转向寻找高诊断性的线索，所花的时间、精力和经济成本就会提高。在这样的情况下，竞争对手点评分的可信度低，顾客不太可能再把点评分作为质量信号，竞争对手销售产品的机会降低，进而能够缓解其点评分对焦点酒店企业销量的负向影响。当竞争对手点评分可信度高时，点评分离散度小，表明点评分的一致性高。Khare 等（2011）认为，随着点评分一致性的提高，评论信息的有效性提高，顾客越能接近真相。而且依据线索诊断理论，可信度高的点评分使顾客认为其有高诊断性，值得信赖，这样竞争对手销售产品的机会提高，进而加剧了其点评分对焦点酒店企业的负向溢出效应。

另外，前景理论表明，个体行为由于受非理性因素影响而具有参照依赖性，当决策结果被视为具有收益（高于参考点）时，顾客倾向于厌恶风险，而喜欢确定性结果。相反，当决策结果被视为具有损失（低于参考点）时，顾客倾向于寻求风险，更喜欢不确定的结果（Matz 和 Wood，2005；Yoon 等，2017）。根据前景理论，当竞争对手的点评分相对较低（低于参考点）时，顾客对点评分的可信度低，对点评分存在较大离散度的产品产生偏好，因为较大的离散度可能表明竞争对手提供的产品是独特的、小众的，此时顾客偏向于寻求风险，竞争对手的销量提高，而焦点企业的销量降低。另外，当竞争对手的点评分较高时，出于风险规避意识，相较于不确定性信息，顾客更加偏爱确定性信息。此时，相较于低的点评分可信度，顾客更偏爱高的点评分可信度，即点评分离散度低的产品更加受到顾客的喜爱。因此，竞争对手点评分可信度与其点评分对顾客对产品价值的感知产生交互作用，竞争对手点评分可信度对总体点评的影响具有正向调节作用。因此，本书提出如下假设：

H2：竞争对手点评分的可信度正向调节竞争对手点评分对焦点酒店企业的负向溢出效应，即随着竞争对手点评分可信度的提高，竞争对手点评分对焦点酒店企业的负向溢出效应增强。

4.2.3　竞争对手点评分离散度的调节作用

竞争对手点评分的离散度高，表明竞争对手提供的产品或服务在质量上存在较大的差异。顾客处于较容易评估产品或服务质量的情境下时，根据线索诊断理论，顾客感知的决策风险较小，点评分的诊断性增加，顾客增加了对点评分作为质量信号的依赖，有助于提高竞争对手产品或服务的销量。相反，焦点酒店企业销量降低，这时竞争对手点评分的离散度加剧了竞争对手点评分对焦点酒店企业销量的影响。当竞争对手点评分的离散度低时，竞争对手的点评分趋向一致，表明竞争对手提供类似的产品或服务质量，具有较高的可替代性，顾客处于很难决策的情境下，其感知的决策风险不确定性将会增加，进而点评分的诊断性减弱，顾客减少了对点评分的依赖，这样减少了竞争对手销售产品或服务的机会，从而缓解了竞争对手点评分对酒店企业销量的影响。因此，本书提出如下假设：

H3：竞争对手点评分的离散度正向调节竞争对手点评分对焦点酒店企业的负向溢出效应，即随着竞争对手点评分离散度的增加，竞争对手点评分对焦点酒店企业的负向溢出效应增强。

4.2.4　酒店星级的调节作用

酒店星级代表了酒店企业在硬件设施、服务水平、服务范围以及建筑规模等方面具备的条件与水平。酒店企业星级越高，通常代表着更高的资金投入和服务标准，能为顾客提供更优质的服务和设施。顾客对不同星级的酒店企业有着不同的服务质量感知和信任（Rhee 和 Yang，2015；Hu 和 Chen，2016）。Zhang 等（2011）发现，顾客对高星级酒店的要求和信任高于低星级酒店，当顾客处于难以判断产品或服务质量的模糊情景时，酒店星级作为一个诊断线索，在购买决策中起着重要的作用（Kim 等，2011；Xie 和 Kwok，2017）。高星级酒店企业往往会提供更符合顾客预期的服务，可以改善其他信息的可诊断性，进而调节竞争对手点评分带来的负向影响。相反，由于顾客在预订前无法对低星级酒店形成有效的质量判断，会更加依赖点评分。另外，由于酒店提供了非常复杂的产品组合，在实证研究中，酒店星级通常被视为情境因素或调节因素。汪涛和于雪（2019）在探讨在线评论信息在竞争性体验型产品中的溢出效应时发现，低端品牌比高端品牌更容易受到负向在线评论信息的影响。Xie 和 Kwok（2017）建议，在分析酒店的特征和表现时，要考虑酒店星级的调节作用。因此，本书提出如下假设：

H4：酒店星级负向调节竞争对手点评分对焦点酒店企业的负向溢出效应，即随着酒店星级的增加，竞争对手点评分对焦点酒店企业的负向溢出效应减弱。

本书构建的概念模型如图 4-1 所示。

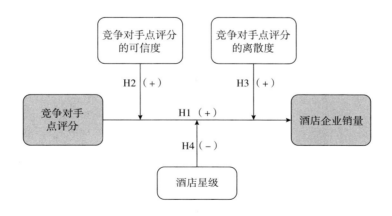

图 4-1　概念模型

4.3 数据采集与数据描述

4.3.1 数据采集

本章中的酒店企业样本来自中国领先的在线旅行网携程平台,利用网络爬虫工具火车采集器定义数据采集规则,从携程平台上获取广州酒店企业的在线评论信息及相关数据。广州是中国首批国家历史文化名城、国际性综合交通枢纽和国家综合性门户城市,同时被全球权威机构 GaWC 评为世界一线城市①,每年吸引着大量的观光和商务游客到此旅游,因此,广州的酒店企业具有一定的代表性。笔者于 2018 年 4 月 15 日收集了排名前 20 页上不同星级酒店企业的基本信息及评论信息。其中,每个星级分类页面上显示 25 家酒店,理论上可以得到 2000 家酒店的信息(携程对酒店企业的星级分类为:二星级及以下、三星级、四星级和五星级)。删除用户评论数量低于 100 条及样本中有缺失项或重复信息的酒店企业,获得了 1329 家酒店企业样本。笔者于 2018 年 10 月 20 日(时隔大约 6 个月)再次针对这些酒店企业样本进行同样的信息收集,即本书收集的数据为两期的酒店企业面板数据。然而,在这 6 个多月的时间里,有些酒店企业暂停了与携程的合作,因此,本书统一两次获取的酒店企业样本,最终得到的酒店企业样本数为 1285 家。收集的酒店评论信息及相关数据包括酒店名称、星级、房间数、酒店开业时间、价格、评论数目、推荐率和点评分等。另外,为了获得每家酒店企业在线点评分的

---

① 数据来源于百度百科:https://baike.baidu.com/item/%E5%B9%BF%E5%B7%9E/72101。

标准差，本书在这两个时间点上收集了每家酒店前两页中每个用户的点评分，并计算在线点评分的标准差。因为一些研究表明，顾客很少查看两个网页内容以外的在线评论（Pavlou 和 Dimoka，2006；Ye 等，2009）。此外，根据研究内容，需要依据第 3 章的理论和方法识别 1285 家焦点酒店企业的竞争对手，并保存竞争对手相关数据信息。

4.3.2　数据描述和分析准备

为了验证竞争对手点评分对焦点酒店企业产生的负向溢出效应，以及竞争对手点评分的可信度、竞争对手点评分的离散度以及酒店星级所具有的调节效应，本书对收集到的数据进行相关的描述说明。

4.3.2.1　被解释变量

酒店企业销量（SNum）：被解释变量是酒店企业销量。由于企业产品销量往往被视作为企业的商业机密而无法直接获取，所以本书使用酒店的评论数量作为酒店企业销量的代表。尽管酒店的评论数量并不等同于企业的实际销量，但评论数量反映酒店企业的销量。携程平台规定，只有预订酒店并成功入住的顾客才能对该酒店企业发表评论，因此，评论数越多，酒店企业的销量也越高。Ye 等（2009）指出，携程平台上酒店的在线评论数量与实际在线预订量有高度正相关关系。

4.3.2.2　解释变量

（1）竞争对手点评分（RRating）：用焦点酒店企业所有竞争对手点评分的加权平均值衡量。每个竞争对手点评分对应的权重就是该竞争对手点评分占所有竞争对手点评分累加和的比例。

（2）酒店星级（HotelStar）：携程平台把酒店企业分为四个星级，其中包括二星级及以下（经济）、三星级（舒适）、四星级（高端）和五星级

（豪华）。

（3）竞争对手点评分的离散度（DiffRRating）：表示焦点酒店企业的多个竞争对手点评分的差异程度，用焦点酒店企业与多个竞争对手点评分的标准差来衡量。

（4）竞争对手点评分的可信度（StdRRating）：用焦点酒店企业所有竞争对手点评分标准差的平均值来衡量。点评分可信度是指顾客发布点评分的一致性，一致性程度增加，可信度也增加。而点评分的一致性常常用点评分的标准差来衡量。离散度高，点评分的一致性低，点评分的可信度也就低。Hu 等（2008）和 Lee 等（2020）均采用了标准差来解释点评分的可信度。

4.3.2.3　控制变量

为了更好地验证解释变量的影响并控制可能的内外生变量，本书对若干潜在影响因素进行了控制。具体变量如下：

（1）酒店企业规模（Size）：用焦点酒店企业的房间数量作为酒店规模的衡量指标，对酒店企业规模变量取自然对数，以避免数值过高带来的数据偏差。

（2）开业时长（HotelTime）：用获取焦点酒店企业信息的时间与其在 OTA 上注册年份的差值来衡量。焦点酒店企业开业时长会影响酒店企业在 OTA 上的评论数量，对焦点酒店企业时长变量取自然对数，以避免数值过高带来的数据偏差。具体公式为 $\ln(\text{HotelTime}) = \ln(T_i - T_0 + 1)$，其中，$T_i = 2018$，$T_0$ 为焦点酒店企业在 OTA 上注册的时间。

（3）酒店价格（HotelPrice）：用焦点酒店企业在 OTA 上的最低价格来衡量焦点酒店企业价格。焦点酒店企业价格会显著影响酒店的销量。对酒店价格变量取自然对数，以避免数值过高带来的数据偏差。

（4）酒店企业点评分（HotelRating）：焦点酒店企业的在线点评分。

（5）推荐率（Recommend）：焦点酒店企业被用户推荐的比率。

（6）竞争中心性（HotelCenter）：在识别焦点酒店企业竞争对手的过程中，有些酒店企业会重复出现在不同的竞争对手集合中，因此，本书计算每个酒店企业出现的频次，以衡量焦点酒店企业的竞争中心性。对竞争中心性取自然对数，以避免数值过高带来的数据偏差。

表 4-1 展示了主要数据的描述性统计结果。汇总后的 1285 家酒店企业样本的销量、价格、规模等数值差异明显，说明研究使用的样本具有良好的代表性。其中，酒店企业的销量和竞争对手的点评分变化很大，但是竞争对手的加权平均点评分变化不大，经历 6 个多月后，从 4.19 变化至 4.23。同时，竞争对手点评分可信度从 0.09 变化至 0.07。竞争对手的点评分升高，而点评分可信度降低，说明顾客对竞争对手的总体满意度在提升，然而不同个体的体验不一。另外，竞争对手点评分的离散度的平均值从 0.07 变化至 0.04。竞争对手的点评分的差异在减小，竞争酒店企业提供产品和服务的品质在逐步靠近。通过比较两个采集时间点上变量数值的变化很容易发现，随着时间的增加，酒店企业的销量在增加，而竞争对手点评分差异、竞争对手点评分可信度和竞争对手点评分的离散度变化很微弱，酒店企业相关属性发生了相对明显变化，如酒店企业的价格从 561.76 降低至 538.09，点评分从 4.27 升高至 4.39，竞争中心性从 96.14 升高至 101.43。这些酒店企业属性数值的变化说明酒店行业的同质化竞争在加剧。

表 4-1　变量的描述统计

变量	均值	加总样本			第一次样本		第二次样本	
		标准差	最小值	最大值	均值	标准差	均值	标准差
SNum	3084.78	2741.10	161.00	17002.00	2567.30	2145.92	4167.87	3671.34

续表

变量	均值	加总样本			第一次样本		第二次样本	
		标准差	最小值	最大值	均值	标准差	均值	标准差
RRating	4.21	0.36	2.20	5.00	4.19	0.41	4.23	0.38
StdRRating	0.08	0.16	-0.25	0.50	0.09	0.11	0.07	0.21
DiffRRating	0.18	0.14	0.05	1.38	0.07	0.12	0.04	0.18
HotelStar	3.50	1.12	2.00	5.00	3.29	1.10	3.45	1.35
Size	233.62	226.53	25.00	1500.00	345.78	312.21	215.60	200.72
HotelTime	9.07	8.78	1.00	60.00	10.17	9.18	8.67	8.43
Recommend	0.96	0.02	0.89	0.99	0.97	0.02	0.95	0.02
HotelRating	4.33	0.49	2.40	5.00	4.27	0.38	4.39	0.57
HotelPrice	541.97	415.74	117.00	3300.00	561.76	456.67	538.09	432.81
HotelCenter	98.80	75.36	3.00	174.00	96.14	83.52	101.43	74.38
样本量	1285							

表4-2 展示了主要变量之间的相关关系系数。从表中可知，焦点酒店企业销量与竞争对手点评分、竞争对手点评分可信度的相关系数为负且显著；与竞争对手点评分的离散度、酒店星级的相关系数为正，但是不显著。通过对涉及的变量进行相关性分析，可以发现一些明显的变量关系，但是只进行相关性分析，还无法揭示变量间相互作用对结果产生的影响（谢光明等，2018）。因此，本书将建立计量经济学模型来进一步分析变量间的关系。

表 4-2 主要变量的相关性矩阵

	SNum	RRating	StdRRating	DiffRRating	HotelStar	Size	Hotel-Time	Recommend	HotelRating	Hotel Price	Hotel Center
SNum											
RRating	-0.032**										
StdRRating	-0.089*	0.254**									
DiffRRating	-0.059	0.115	0.094***								
HotelStar	0.152*	0.056	0.308***	-0.178							
Size	0.278***	0.034	-0.307***	-0.086	0.784***						
HotelTime	0.205***	0.080	-0.261***	0.036***	0.418***	0.522					
Recommend	0.284***	0.103	0.155***	-0.057	0.109*	-0.010***	-0.127**				
HotelRating	0.156**	0.051	0.013	0.078	0.364	0.696***	0.247	0.382			
HotelPrice	-0.029	0.275	-0.169***	-0.181	0.662***	0.474***	0.292***	0.136***	0.254**		
HotelCenter	0.178***	0.372	-0.205	-0.070*	0.109**	0.095***	0.239***	0.088		0.246***	

注: ***、**和*分别表示在1%、5%和10%水平上显著。

4.4 实证分析模型

4.4.1 截面数据分析检验

本章的主要问题是探索竞争对手的在线评论信息对焦点酒店企业产生的负向溢出效应，以及竞争对手点评分的可信度、竞争对手点评分的离散度和酒店星级能否调节竞争对手点评分的负向溢出效应。为了验证研究假设，本章采用计量回归模型进行验证分析。焦点酒店企业 i 在时间 t 时刻的模型表达如下：

$$
\begin{aligned}
SNum_{it} = {} & \beta_0 + \beta_1 RRating_{it} + \beta_2 StdRRating_{it} + \beta_3 DiffRRating_{it} + \beta_4 HStar_{it} + \\
& \beta_5 RRating_{it} \times StdRRating_{it} + \beta_6 RRating_{it} \times DiffRRating_{it} + \\
& \beta_7 RRating_{it} \times HStar_{it} + \beta_8 HC_{it} + \varepsilon_{it}
\end{aligned} \tag{4-1}
$$

其中，i = 1，…，N 代表焦点酒店企业样本。t = 1，2 分别表示同一酒店样本 i 两个不同的数据采集时间点。模型的因变量为 $SNum_{it}$，即焦点酒店企业的销量。自变量 $RRating_{it}$ 表示竞争对手的点评分。调节变量是 $StdRRating_{it}$（竞争对手点评分的可信度）、$DiffRRating_{it}$（竞争对手点评分的离散度）和 $HStar_{it}$（酒店星级）。HC_{it} 是焦点酒店企业的控制变量，包括 $HotelPrice_{it}$（价格）、$HotelRating_{it}$（点评分）、$Recommend_{it}$（推荐率）、$Size_{it}$（规模）、$HotelTime_{it}$（开业时间）和 $HotelCenter_{it}$（竞争中心性）。交叉项 $RRating_{it} \times StdRRating_{it}$、$RRating_{it} \times DiffRRating_{it}$ 和 $RRating_{it} \times HStar_{it}$ 表示竞争对手点评分的可信度、竞争对手点评分的离散度、酒店星级调节负向溢出效应的程度。其中，如果

β_1 显著且为负向的系数，那么 H1 将被接受；如果 β_5 显著且为负向的系数，那么 H2 将被接受；如果 β_6 和 β_7 显著且为负向的系数，那么 H3 和 H4 将被接受。此外，ε_{it} 是误差项。模型中使用变量的具体说明如表 4-3 所示。

表 4-3　变量说明

变量名称	描述
因变量	
酒店企业销量（SNum）	酒店企业的在线评论数量代表酒店企业销量（取自然对数）
自变量	
竞争对手点评分（RRating）	所有竞争对手点评分的加权平均值
调节变量	
竞争对手点评分的可信度（StdRRating）	取竞争对手前两页用户点评分的标准差，然后再计算所有竞争对手自身点评分标准差的加权平均值
竞争对手点评分的离散度（DiffRRating）	焦点酒店企业的多个竞争对手之间点评分的标准差
酒店星级（HStar）	酒店企业的星级
控制变量	
酒店规模（Size）	用房间数量来衡量酒店企业的规模（取自然对数）
酒店点评分（HotelRating）	酒店企业的点评分
酒店价格（HotelPrice）	酒店的最低价格（取自然对数）
开业时长（HotelTime）	酒店企业的开业时间（取自然对数）
推荐率（Recommend）	酒店企业的用户推荐率
竞争中心性（HotelCenter）	酒店企业的竞争中心性（取自然对数）

为使模型（4-1）中的系数更具有解释意义，本书对相应变量进行中心化处理。同时，本书也考察了方差膨胀因子，结果发现，所有 VIF 均在 5 以下。因此，模型中解释变量的多重共线性问题在可控范围内。另外，某些解释变量可能被忽略而未被使用，进而造成模型中的截面数据分析存在异方差问题，这样，只采用常规的普通最小二乘法（OLS）进行参数的估计是不恰当的。因此，本书进行了异方差检验，BF 检验结果 P = 0，拒绝了

同方差性假设，同时，模型的拟合度数值较小，模型有可能存在异方差问题。为了消除以上问题，本书采用加权最小二乘法（WLS）对异方差进行修正，利用稳健标准误对修正后结果进行检验，BF 检验 P＝0.171，接受同方差假设，这样模型中的异方差问题得到了解决。截面数据模型分析结果如表 4-4 所示。在解决异方差问题后，模型的拟合度数值 R^2 也增加了。

表 4-4　截面数据模型分析结果

变量	OLS 估计	WLS 估计
自变量		
RRating	−0.128*** (0.000)	−0.201*** (0.000)
StdRRating	0.184 (0.375)	−0.089*** (0.000)
DiffRRating	0.074*** (0.001)	0.055*** (0.000)
HStar	0.057** (0.001)	0.070** (0.003)
调节效应		
RRating×StdRRating	0.163 (1.351)	0.452 (0.123)
RRating×DiffRRating	0.567 (0.233)	0.590 (0.118)
RRating×HStar	0.051** (0.190)	0.063** (0.002)
控制变量		
Size	0.285*** (0.03)	0.197*** (0.000)
HotelRating	0.341*** (0.001)	0.352*** (0.000)
HotelPrice	−0.618*** (0.000)	−0.610*** (0.000)
HotelTime	0.124 (0.061)	0.143 (0.038)

续表

变量	OLS 估计	WLS 估计
Recommend	8.52 ** (0.040)	9.257 *** (0.001)
HotelCenter	0.300 *** (0.000)	0.320 *** (0.000)
样本数	1285	1285
R^2	0.123	0.402

注：*** 、** 和 * 分别表示在 1%、5% 和 10% 水平上显著。

从 WLS 估计结果中可知，除了开业时间，其他控制变量均有显著性。竞争对手点评分在 1% 水平上显著（p = 0.000），说明竞争对手在线评论信息产生的溢出效应对焦点酒店企业的销量具有负向影响。DiffRRating 为 0.055，在 1% 水平上显著。HStar 的系数是 0.070，在 5% 水平显著（p = 0.003）。StdRRating 的系数为 − 0.089，在 1% 水平上显著（p = 0.000）。三个自变量 StdRRating、DiffRRating 和 HStar 系数都显著，表明竞争对手点评分的可信度负向影响焦点酒店企业的销量，竞争对手点评分的离散度和酒店星级对焦点酒店企业销量的影响是正向的。另外，调节变量的交叉系数 $RRating_{it} \times StdRRating_{it}$ 和 $RRating_{it} \times DiffRRating_{it}$ 为正向但是不显著，而酒店星级 HotelStar 的交叉项系数 $RRating_{it} \times HStar_{it}$ 是 0.063，在 5% 水平上显著（p = 0.002），支持了 H4，表明酒店星级负向调节竞争对手点评分的负向溢出效应，酒店的星级增加，竞争对手点评分对焦点酒店企业产生的负向溢出效应减弱。

事实上，在进行估算之前已经消除了多重共线性和异方差问题，现在有些调节变量系数逻辑上的验证没有通过，可能原因是有遗漏的重要变量，进而导致估计结果有偏差。在这种情况下，尽可能地控制更多的变量是有效的解决方法之一，然而由于有些控制变量难以观测和度量，而无法直接加入模型。例如，酒店企业的经营管理水平、酒店位置、酒店场景图片就难以直接观测和度量，而且这些因素很可能与酒店企业销量相关。所以，为了解决模型中可能的相关变量遗漏问题，本章参照已有的做法，在计量经济学回归模型中加入了代表酒店经营管理水平等不可观测变量的固定效应 μ_i。假如固定效应检验结果显示 μ_i 显著不为 0（$p = 0.000$），说明模型确实遗漏了重要的相关变量，使截面数据分析估计有偏。

4.4.2 面板数据一阶差分模型

由于竞争对手点评分可信度和竞争对手点评分离散度的调节作用在基本计量回归模型分析中不显著，本书进一步采用一阶差分模型来消除遗漏重要变量带来的影响（龚诗阳等，2012）。在模型（4-1）中加入不能直接观测但一定时期内固定的影响因素 μ_i（如酒店经营状况等），这样得到以下模型，如式（4-2）所示。

$$
\begin{aligned}
SNum_{it} = {} & \beta_0 + \beta_1 RRating_{it} + \beta_2 StdRRating_{it} + \beta_3 DiffRRating_{it} + \beta_4 HStar_{it} + \\
& \beta_5 RRating_{it} \times StdRRating_{it} + \beta_6 RRating_{it} \times DiffRRating_{it} + \\
& \beta_7 RRating_{it} \times HStar_{it} + \beta_8 HC_{it} + \mu_i + \varepsilon_{it} \qquad (4-2)
\end{aligned}
$$

对于每一个酒店 i，都有两个时点（$t = 1$，2）的观测值，这样两个时刻的模型相减，即可得到一阶差分模型（4-3）。本书通过一阶差分，去掉非观测固定效应 μ_i 的影响，这样就消除了无法观测或度量因素的影响。另外，各个焦点酒店企业特有的与时间因素相关的变量也被消除，如酒店星级、焦点酒店企业规模和焦点酒店的开业时长。而其他变量均表示两个时刻的变化。

$$
\begin{aligned}
SNum_{i2} - SNum_{i1} = {} & (\beta_0 - \beta_0) + \beta_1(RRating_{i2} - RRating_{i1}) + \beta_2(StdRRating_{i2} - \\
& StdRRating_{i1}) + \beta_3(DiffRRating_{i2} - DiffRRating_{i1}) + \\
& \beta_4(HStar_{i2} - HStar_{i1}) + \beta_5(RRating_{i2} \times StdRRating_{i2} - RRating_{i1} \times \\
& StdRRating_{i1}) + \beta_6(RRating_{i2} \times DiffRRating_{i2} - RRating_{i1} \times
\end{aligned}
$$

$$DiffRRating_{i1}) + \beta_7 (RRating_{i2} \times HStar_{i2} - RRating_{i1} \times$$

$$HStar_{i1}) + \beta_8 (HC_{i2} - HC_{i1}) + (\varepsilon_{i2} - \varepsilon_{i1}) \tag{4-3}$$

将等式（4-3）整理为更简洁的形式，得到如下等式：

$$\Delta SNum_i = \eta_0 + \eta_1 \Delta RRating_i + \eta_2 \Delta StdRRating_i + \eta_3 \Delta DiffRRating_i +$$

$$\eta_4 \Delta RRating_i \times StdRRating_i + \eta_5 \Delta RRating_i \times DiffRRating_i +$$

$$\eta_6 \Delta RRating_i \times HStar_i + \eta_7 \Delta HC_i + \Delta \varepsilon_i \tag{4-4}$$

与前文提到的基本模型相比，一阶差分模型的优势在于消除了不能直接观测或度量的固定效应 μ_i，进而控制了焦点酒店企业的经营管理水平、焦点酒店企业位置和图片信息等重要相关因素所带来的影响，使竞争对手在线评论信息对焦点酒店企业销量影响的估计更加准确。此时，本书主要关注系数 η_1、η_4、η_5 和 η_6 的符号及显著性，它们反映了竞争对手点评分是否会对焦点酒店企业产生负向溢出效应，以及竞争对手点评分的可信度、竞争对手点评分的离散度和酒店星级的调节作用是否显著。

4.5　结果讨论

本章展示了不加入调节变量的情况下的结果，如表 4-5 中模型 1 所示。模型 1 包含 1285 个样本，R^2 的值为 0.123。从模型 1 中可以得知，变量 RRating 的系数为 -0.203（p=0.011），表明竞争对手的点评分对焦点酒店企业产生的负向溢出效应是显著的，支持 H1。而且，其他两个自变量也被证实对焦点酒店企业销量产生了影响。例如，变量 StdRRating 的系数为负且显著，预示着竞争对手点评分的可信度增大时，点评分的一致性增加，顾客感知的风险降低，进而提高竞争对手销量，相反降低了焦点酒店企业的销量。变量 DiffRRating 的系数为负但不显著，表示竞争对手点评分的离散度对焦点酒店 企业销量的影响不显著。另外，模型中的控制变量被证实对酒店的销量具有 显著的影响，Recommend 和 HotelRating 的系数为正且显著，证实了焦点酒店 企业拥有高推荐率和高点评分时，有助于提高其销量。HotelPrice 的系数为负 且显著，表明高价格不利于焦点酒店企业销量的提高。

模型 2 是加入调节变量后的研究结果，R^2 的值增加到 0.402。从模型 2 的结果中可以得知，自变量的系数情况发生了一些变化，同时，调节变量 StdRRating 的系数为-0.125，在 1%水平上显著（p=0.000），支持了 H2，表 明竞争对手点评分的可信度正向调节竞争对手点评分的负向溢出效应。伴随 着竞争对手点评分可信度的增加，这种负向溢出效应增强。调节变量的三个 交叉项系数都显著，其中，RRating×DiffRRating 的系数是-0.267，在 5%水平 上显著（p=0.004），支持了 H3，表明竞争对手点评分的离散度正向调节竞 争对手点评分的负向溢出效应，伴随着竞争对手点评分离散度的增大，竞争 对手点评分对焦点酒店企业的负向溢出效应也增强。调节变量 RRating×HStar 的系数依然显著，其数值为 0.145，在 5%水平上显著（p=0.001），支持了 H4，表明酒店星级负向调节竞争对手点评分对焦点酒店产生的负向溢出 效应。

表 4-5　一阶差分模型分析结果

变量	模型 1	模型 2
自变量		
ΔRRating	−0.203** （0.011）	−0.283** （0.000）
ΔStdRRating	−0.184*** （0.000）	−0.125*** （0.000）

续表

变量	模型 1	模型 2
ΔDiffRRating	−0.279 （0.607）	−0.307 *** （0.002）
调节效应		
ΔRRating×ΔStdRRating		−0.319 *** （0.000）
ΔRRating×ΔDiffRRating		−0.267 ** （0.004）
ΔRRating×ΔHStar		0.145 ** （0.001）
控制变量		
ΔRecommend	8.321 *** （0.000）	8.52 ** （0.040）
ΔHotelRating	0.263 *** （0.000）	0.269 *** （0.001）
ΔHotelPrice	−0.726 *** （0.000）	−0.705 *** （0.000）
样本数	1285	1285
R^2	0.123	0.402

注：＊＊＊、＊＊和＊分别表示在 1%、5% 和 10% 水平上显著。

为了对调节变量有更深入的了解，本书绘制了竞争对手点评分的可信度、酒店企业与竞争对手点评分的离散度和酒店星级的调节作用图。图 4-2（a）显示了当竞争对手点评分的可信度低和高时，竞争对手点评分对焦点酒店企业产生的负向溢出效应。当竞争对手点评分的可信度较高时，在竞争对手点评分从低到高的情况下，酒店企业的销量显著降低。当竞争对手点评分的可信度较低时，在竞争对手点评分从低到高的情况下，酒店企业的销量明显降低，但是酒店企业销量降低的幅度没有竞争对手点评分可信度高时大。图 4-2（b）显示了当竞争对手点评分的离散度低和高时，竞争对手点评分与焦点酒店企业销量之间的关系。当竞争对手点评分的离散度较高时，在竞争对手点评分从低到高的情况下，焦点酒店企业销量变化明显。当竞争对手点评分的离散度较低时，在竞争对手点评分从低到高的情况下，焦点酒店企业销量显著降低。图4-2（c）显示了当酒店星级低和高时，竞争对手点评分与焦点酒店企业销量之间的关系。其调节效果是：当酒店星级较高时，竞争对手点评分对酒店企业销量的负向影响是减弱的；当酒店星级较低时，竞争对手点评分对酒店企业销量的负向影响大于酒店星级较高时。这些研究结论有助于管理者有效地进行差异化在线评论信息管理。

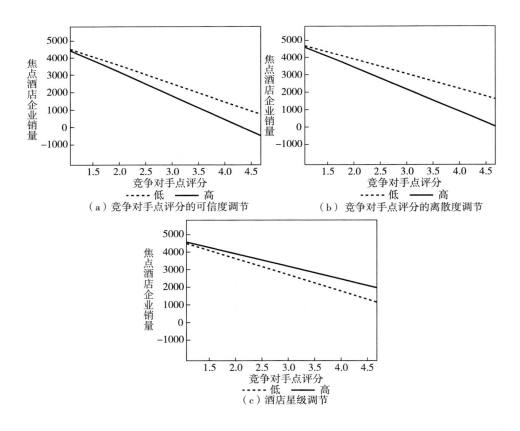

图4-2　调节作用

4.6　稳健性检验

为了确保以上实验结果的稳健性，本书采用了两种方法进行检验。首先，笔者于 2019 年 4 月 18 日又采集了一期数据，再次对第一期得到的酒店企业样本进行同样的信息收集，这样得到了时隔 12 个月的两期酒店企业面板数据。统一匹配样本数据后，得到 1261 家酒店企业。如同之前对数据的处理，对这两期数据进行转换计算，得到新的数值。其次，对模型进行重新估计，检验的结果如表 4-6 所示。模型中主要关注变量的系数正负方向及显著性没有明显的改变。因此实证研究结果具有稳健性。

表 4-6　更换新一期数据后的稳健性检验结果

变量	模型 3	模型 4
自变量		
ΔRRating	-0.221^{**} (0.011)	-0.217^{**} (0.000)
ΔStdRRating	-0.176^{***} (0.000)	-0.144^{***} (0.000)
ΔDiffRRating	0.269^{***} (0.000)	0.313^{***} (0.000)
调节效应		
ΔRRating×ΔStdRRating		-0.326^{***} (0.000)
ΔRRating×ΔDiffRRating		-0.274^{***} (0.000)
ΔRRating×ΔHStar		0.149^{***} (0.001)

变量	模型 3	模型 4
控制变量		
ΔRecommend	9.321*** (0.000)	9.436** (0.040)
ΔHotelRating	0.242*** (0.000)	0.278*** (0.001)
ΔHotelPrice	-0.598*** (0.000)	-0.635*** (0.000)
样本数	1261	1261
R²	0.132	0.424

注：***、**和*分别表示在1%、5%和10%水平上显著。

为了保障研究结果的可靠性，采用更换样本数据的方法检验一阶差分模型的稳健性（Liang 和 Wang，2019）。Kwark 等（2021）的研究结论表明，如果竞争对手的在线评论信息产生负向溢出效应，降低焦点酒店企业的销量，那么不满足产生溢出效应条件的其他非竞争对手在线评论信息对焦点酒店企业销量的影响应该是不显著的。本书将第一期数据集中焦点酒店企业替换为任意其他酒店企业（伪造的焦点酒店企业），然后重新采用一阶差分模型进行验证，结果如表4-7所示。稳健性分析结果表明，竞争对手在线评论信息对焦点酒店企业的负向溢出效应不显著，竞争对手点评分的可信度、竞争对手点评分的离散度和酒店星级对负向溢出效应的调节作用也不显著。

表4-7　更换样本数据的稳健性检测结果

变量	模型 5	模型 6
自变量		
ΔRRating	0.379 (5.794)	-0.345** (0.008)

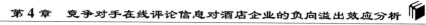

续表

变量	模型5	模型6
ΔStdRRating	0.635 (0.706)	0.053 (0.697)
ΔDiffRRating	0.635 (0.706)	0.970 (8.626)
调节效应		
ΔRRating×ΔStdRRating		−0.319 (0.000)
ΔRRating×ΔDiffRRating		−0.851 (0.004)
ΔRRating×ΔHStar		0.527 (0.001)
控制变量		
ΔRecommend	11.425 *** (0.000)	13.214 (0.040)
ΔHotelRating	−0.726 (1.420)	−0.476 (0.970)
ΔHotelPrice	0.146 (10.406)	0.212 (8.357)
样本数	1285	1285
R^2	0.097	0.103

注：***、**和*分别表示在1%、5%和10%水平上显著。

4.7　本章小结

本章从中国领先的在线旅游网站携程平台收集了1285家酒店企业的在线评论信息进行分析，利用一阶差分模型验证竞争对手的在线评论信息产生的负向溢出效应，发现竞争对手点评分的可信度、竞争对手点评分的离散度和酒店星级具有调节作用，能够缓解或增强负向溢出效应的程度。研究结果表明，竞争对手的点评分负向影响焦点酒店企业的销量，这表明竞争对手的在线评论信息对焦点酒店企业的负向溢出效应是存在的，而且竞争对手点评分的可信度、竞争对手点评分的离散度和酒店星级能够调节负向溢出效应，当竞争对手点评分的可信度或竞争对手点评分的离散度提高时，其可以增强竞争对手评论信息对焦点酒店企业的负向溢出效应，而酒店星级的调节效应是相反的，随着酒店星级的增加，其能够缓解竞争对手在线评论信息对焦点酒店企业的负向溢出效应。研究结论丰富或拓展了在线评论信息的理论框架，而且有助于酒店管理者更好地理解和洞察开放性在线评论信息的竞争作用机理，有效地进行差异化在线评论信息管理。

第5章　考虑竞争对手在线评论信息的酒店企业服务需求差异化分析研究

上一章验证了竞争对手在线评论信息产生的负向溢出效应，其影响着顾客对焦点酒店企业产品和服务的感知，从而影响着焦点酒店企业的相对吸引力。研究结论有助于酒店管理者更深层次地理解和洞察在线评论信息的竞争作用机制。为了提高焦点酒店企业的吸引力，酒店企业需要进行差异化运营和服务改进以满足不同的顾客需求和偏好，获得市场竞争优势。尽管第3章利用结构化的在线评论信息分析了酒店企业间的竞争关系及竞争优劣势，但是忽略了顾客的评论文本信息包含着更多产品或服务的属性特征，如酒店的早餐、游泳池或者其他细节信息。Korfiatis 等（2019）和 Guo 等（2022）认为，顾客的评论文本信息与量化的酒店属性评分之间存在一定的差异，评论文本信息更有助于企业深入了解顾客的需求与偏好，提高其产品或服务在市场上的竞争力。因此，本书基于酒店企业与其竞争对手的在线评论信息，深入挖掘评论文本信息中顾客关注的服务需求，并以可视化网络图谱的方式对酒店企业与其竞争对手进行差异化分析，以帮助酒店企业获得竞争优势。目前，学术界已经开展了从海量的文本信息中提取特征的研究，如何从评论短文本信息中提取有效的特征，是当前研究人员关注的热点问题（韩亚楠等，2021）。本书提出了一种 L-L-CNN 特征提取方法，从顾客评论文本信息中快速提取出顾客热点关注的属性特征，为酒店企业与其竞争对手构建有效的服务需求，并形成服务需求共词网络，利用 SNA 方法建立服务需求共词网络的社会网络结构图谱，分析酒店企业与其竞争对手在不同情感倾向下网络图谱的差异及社会网络特征，有助于酒店企业制定相关的营销策略，进而达到改善细分市场的目的。此外，根据负向情感的共词网络图谱，酒店企业可以发现需要改进的关键服务。而且通过酒店企业的优劣势得到更细粒度的评估，管理者可以深层次了解顾客需求与偏好，科学地制定差异化运营和服务改进策略，以实现酒店企业在竞争激烈的市场中保持优势地位的目标。

5.1　问题描述

在竞争激烈的市场环境下，产品标准、服务方式大同小异，这使酒店企业同质化日益严重。而随着信息技术和人们生活水平的不断提高，过去以酒店企业为主导的住宿市场已逐渐转变为以顾客为主导，传统的服务方式和手段逐渐被淘汰，只有提供个性化、多元化、体验式的差异化服务才能迎合顾客的偏好需求，这也对酒店企业的经营发展提出了更新和更高的要求（Aral 等，2013；Borges 等，2021）。如何区别于竞争对手，满足顾客多样化需求，让顾客满意的同时也获得市场竞争优势？酒店企业需要深层次理解市场及顾客需求，实现精准化、精细化服务和运营。而伴随着电子商务平台上在线评论信息的迅猛增加，这些评论信息包含着顾客关注的服务主题、产品属性特征和情绪态度等丰富信息，能够借此洞察用户的需求偏好，其为分析企业与竞争对手的服务差异提供了海量数据支持，具有极高的商业价值（Meel 和 Vishwakarma，2019；Zhan 等，2020；史达等，2020）。在线评论信息改变了企业和竞争对手、市场的连接方式，为企业带来了新的机遇和挑战（Holsap-ple 等，2018；Shamim，2021）。利用在线评论信息开发与设计具有独特性的营销策略和服务运营模式，有利于企业获取长期利益。因此，酒店企业可以从开放的在线评论信息中提取有用的知识和规则，充分了解顾客需求，将其转换为有价值的商业信息。大数据时代的到来，使越来越多的酒店企业开始深度挖掘顾客的行为习惯，全面了解顾客和竞争对手。开展精准化服务和精细化运营是酒店企业获得竞争优势的新途径（Lee 等，2020；Changchit 等，2022）。

众所周知，在线评论信息呈现的形式多样，如有结构化类型数据和非结构化类型数据。结构化的点评分和评论数量能在一定程度上反映顾客的情感或购买意愿，有学者认为，将复杂的顾客评论信息压缩为一个量化的点评分，假定产品或服务质量只有一个维度是不合理的。顾客偏好表现出高度的异质性，单一的量化数字不能展示顾客真正表达的态度和意见。而且，在线点评分等级通常具有双峰性质，也就是说，点评分要么极高要么极低（Hu 等，2014）。点评分数值缺乏合理的变化，常常使它们无法反映所评估产品的真实质量和价值，从而影响了它们作为购买决策的唯一决定因素的作用（Ghose 等，2012）。事实上，顾客在浏览产品或服务总体评价的同时，还希望更细致了解产品或服务属性的具体描述和评价，而非结构化的在线评论文本信息正符合顾客的期望，它包含着丰富的产品属性特征体验和评价。Tsai 等（2020）指出，与量化的在线评论信息相比，文本内容更具有洞察力，通过分析文本内容的主题、情感以及属性特征之间的关系，可以获得某些产品成功或失败的关键因素。Guo 等（2022）从在线评论信息中抽取顾客满意的产品特征，并实时可视化显示产品特征的动态演化，以帮助企业跟踪、了解产品在顾客心目中的表现。因此，本书进一步深入挖掘评论文本信息中顾客热点关注的属性特征，发现这些属性特征之间的隐含关联关系，并以可视化网络图谱的方式对酒店企业与其竞争对手进行差异化分析，以帮助酒店企业改善运营和管理。

从顾客的评论文本信息中提取特征已经引起学术界的关注，而且大量的学者针对有效地提取主题和特征问题展开了研究（Dresp-Langley 等，2019；魏伟等，2020）。在特征提取方面，基于向量空间模型（Vector Space Model，VSM）是一种常用的方法，利用特征词和权值构成向量表示。通过向量空间模型得到的特征向量的维数往往会达到数十万维，过高的维度不仅会影响特征提取的效果，还会大大增加机器学习的时间以及人工标注的数据量。为了降低特征维数，AlMousa 等（2021）使用语义知识网（WordNet 和 MeSH）进行文本特征提取。王星等（2021）为了构建与冬奥会相关的垂直领域知识图谱，利用词频较高的英文语料库和中英文跨语言同义词数据集解决中文数据集平均质量较低的问题。然而这些研究中的特征提取方式往往受外部语料库限制，尤其是在一些专业性较强的领域很难通过外部语料库进行特征提取（Minaee 等，2021）。为了更充分地理解文本中语法、组织结构等语义信息，构建主题模型成为新的趋势。其中，LDA 模型是常用的主题模型（Blei 等，2003），其可以实现文本信息的降维，从海量文本信息中提取出主题和属性特征词。LDA 主题模型被应用于新闻和微博等长文本分析中时取得了良好的效果（El Akrouchi 等，2021）。Wu 等（2015）利用 LDA 主题模型进行建模和特征选择，实现对新闻文本集的分类。Guo 等（2021）通过 LDA 主题模型对特征空间进行语义扩展，实现对短文本的分类。Liu 等（2018）使用 LDA

模型来计算文本间的相似性，从而对搜索记录数据集进行分类。

　　用户评论文本具有长度短、口语化和碎片化特点，单条评论的语义稀疏且共现信息不足，增加了 LDA 主题模型识别文本内容的难度，不利于 LDA 模型生成高质量的主题和属性特征词（Bastani 等，2019；杨阳等，2022）。而且传统 LDA 主题模型识别主题比较粗粒度，对应的属性特征词是全局性特征词，局部属性特征词因为出现频率偏低（彭云等，2017），且上下文关系不太明确而不易被发现。例如，"酒店位置很好"中"位置"属于全局属性特征词。而"我一进房间就看到了房间桌子上送的巧克力"中"巧克力"属于低频的局部特征词。虽然这些局部特征词出现频率低，但是很多酒店企业通过赠送额外的水果、巧克力和特色纪念品等小礼物获取顾客的满意。另外，LDA 主题模型忽略了评论文本的语义信息和词序信息，无法进行深层次表征（Wang 和 Xu 等，2018；Guo 等，2021；钟桂凤等，2022）。因此，现有研究对在线评论文本信息中隐含的产品或服务需求的识别、复杂语义的理解依然缺少行之有效的方法，这些成为影响特征提取挖掘方法准确性的因素。

　　从在线评论文本信息中有效地提取属性特征，即顾客关注的酒店企业服务需求，是酒店企业不可回避的现实问题。因此，为了深入了解顾客需求与偏好，提高酒店企业在市场中的竞争力，本书对酒店企业的服务需求进行差异化分析，快速、有效地提取顾客关注的酒店企业服务需求，并清晰地分析酒店企业与其竞争对手在服务需求上的差异，是本书重点解决的问题。具体的研究问题如下：第一，针对评论文本具有长度短、口语化和碎片化的特点，如何设计出合理的方法以准确有效地提取出顾客热点关注的酒店企业的服务需求？第二，如何快速地有效地分析酒店企业与其竞争对手在服务需求上的差异？

5.2 基于 L-L-CNN 和 SNA 的酒店企业 服务需求差异化分析方法

本书提出了一种基于 L-L-CNN 和 SNA 的酒店企业服务需求差异化分析方法，首先，基于 L-L-CNN 的特征提取方法来识别在线评论文本信息中顾客关注的服务需求。从两个层面，即从粗粒度的主题特征和细粒度的语义特征层面构建 L-L-CNN 特征提取模型，并结合 CNN 进行分类训练，解决以往主题模型表征能力弱、泛化能力差的问题。通过 L-L-CNN 特征提取方法，酒店管理者可以从大量的低维特征向量中获得顾客对酒店服务的细节需求，这些是改善酒店企业运营和管理的关键。其次，为了更好地理解分析酒店企业与其竞争对手在服务需求上的差异，本书进一步构建了服务需求共词网络，利用 SNA 方法建立服务需求的社会网络结构图谱，分析酒店企业与其竞争对手在不同情感倾向下网络图谱的差异及社会网络特征。根据负向情感共词网络图谱，酒店企业可以发现需要改进的关键服务。研究结论有助于管理者从竞争对手在线评论信息中收获商业价值，科学地制定有效的运营和服务改进措施，使酒店企业在竞争激烈的市场中保持优势地位。图 5-1 详细描述了酒店企业服务需求差异化分析流程。

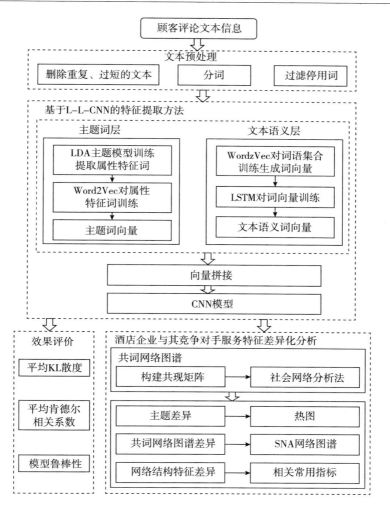

图 5-1　酒店企业服务需求差异化分析流程

5.2.1　基于 L-L-CNN 的服务需求提取方法

针对评论文本具有长度短、口语化和碎片化特点以及传统的 LDA 模型具

有忽略上下文语义的弊端（Bastani 等，2019；刘硕等，2022），本书分别从

主题词层和语义层出发对评论文本内容进行特征属性的提取。在主题词层面上，利用 LDA 主题模型提取文本内容的主题词信息，采用 Word2Vec 方法将文本主题词量化，这样形成了对粗粒度文本语义的描述。在文本语义层面上，首先对评论文本内容进行分词，对形成的词汇表进行词向量训练，通过 LSTM 获取评论文本内容中的词序信息，生成文本细粒度语义的描述（Hochreiter 和 Schmidhuber，1997）。其次将以上两种特征向量按顺序拼接，构建文本特征表示模型，并将其输入卷积神经网络（Convolution Neural Network，CNN）（Liu 等，2018）模型中进行分类训练。这样，通过多个输出层得到顾客热点关注的服务需求及主题分类。

5.2.1.1　主题词层特征提取

首先，将规范的语料库输入 LDA 模型中，对评论文本信息进行降维，得到每家酒店企业的评论文本的主题分布和对应主题的特征词语分布，进而提取出评论文本的主题词。其次，将其输入到 Word2Vec 模型的 CBOW（Continuous Bag-of-Word model，CBOW）算法中进行词向量训练，得到评论文本信息的主题特征向量表示。具体过程如图 5-2 所示。

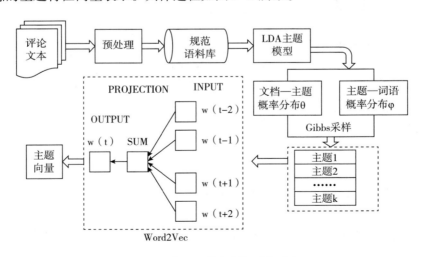

图 5-2　主题词信息提取过程流程

LDA 是一种基于贝叶斯统计的无监督主题挖掘模型之一，能够有效识别海量文本信息中隐含的主题，在语义分析和数据降维方面有很大的优势（Blei 等，2003；Ibrahim 和 Wang，2019；席笑文等，2021）。对于给定的评论文本数据集，LDA 采用词袋模型从顾客评论中推断出隐含的主题集合，将每条评论分解为具有不同概率的主题的混合（Blei 等，2003），并用主题构建属性特征词向量。把文本评论看成隐含主题的一个概率分布，主题看成属性特征词的一个概率分布，由此形成"评论文本—主题—属性特征词"三层贝叶斯概率的主题模型。LDA 主题模型的生成如图 5-3 所示，图中未填充颜色的节点表示隐藏变量，可观测词语变量 w_n 用填充灰色节点表示。箭头表示节点之间的依赖关系，方框代表可以迭代的内容。外部的方框指的是评论文本，内部的方框指的是对评论文本中隐藏主题和词语的重复迭代。

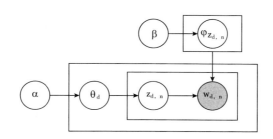

图 5-3　LDA 主题模型的生成

在本书中，主题被记为 Z。由 N 个词语组成的序列构成了一条顾客评论 d，用 $w = (w_1, w_2, \cdots, w_n)$ 表示，其中，w_n 表示评论 w 中的第 n 个词语。而 M 条评论形成了语料库，用 $D = (W_1, W_2, \cdots, W_M)$ 表示，其中，W_M 是语料库 D 中的第 M 条顾客评论。隐含的主题数为 K。LDA 生成主题的过程描述如下：

（1）从参数 α 的 Dirichlet 分布中取样生成顾客评论文本 d 的主题分布 θ_d。

（2）从主题多项式分布 θ_d 中取样生成顾客评论 d 的第 n 个词的主题分布 $z_{d,n}$。

（3）从 Dirichlet 分布 β 中取样生成主题 $z_{d,n}$ 对应的词语分布 $\varphi_{z_{d,n}}$。

（4）从词语的多项式分布 $\varphi_{z_{d,n}}$ 中采样最终生成词语 $w_{d,n}$。

LDA 主题模型中超参数 α、β 和主题个数 K 需要提前设定。超参数 α 和 β 一般利用 Gibbs 采样算法来求解，此算法是一种特殊的基于马氏链的蒙特卡罗方法，经过对词语的采样生成马氏链，因操作简单而被广泛使用。此外，在训练 LDA 模型时，取经 Gibbs 采样收敛之后的 n 个迭代结果的平均值来获得参数 α 和 β，这样主题模型拟合效果会更好。

为了获得合适的主题数 K 值，本书通过困惑度（Perplexity）评价法来确定最优主题数（Blei 等，2003），计算公式如式（5-1）所示。主题数 K 取值影响 Perplexity 的得分，随着主题个数的增加，Perplexity 得分会越小，当 Perplexity 得分下降趋势不明显或在一个稳定的区域范围内时，K 值为最佳的主题数取值，而且模型的性能最好。

$$\text{Perplexity}(d) = \exp\left(-\frac{\sum \log p(w)}{\sum_d^M N_d}\right) \tag{5-1}$$

由于评论文本信息特征稀疏，本书采用 CBOW 模型对主题词进行训练，将由 LDA 获得的主题信息作为模型的输入，将特征词语转换为向量的同时，缓解主题向量之间的稀疏度。CBOW 是连续型词袋模型，通过预测上下文目标词语，将所有词语投射到 k 维的向量空间，这是生成词向量的方法之一，可以定量地分析词语与词语之间的关系。设词向量的维度为 a，主题为 K，主题特征向量集合可以表示为：

$$t_{topic} = [t_1, t_2, \cdots, t_k] \in R^{K \times a} \tag{5-2}$$

其中，t_k 表示第 K 个主题的向量，$R^{K \times a}$ 表示行数为 K，列数为 a 的矩阵。

5.2.1.2　语义层特征提取

不同粒度的特征在表征文本内容时具有不同的描述能力，词汇可以表示文本内容中最细粒度的特征，而 LDA 主题模型用有限的 K 个隐含主题来表示评论文本内容，每个隐含主题承载着粒度较粗的话题，K 越小，表示粒度越粗糙。只使用词汇特征来表示评论文本，会出现由于粒度太细而造成特征稀疏的问题，增加了识别顾客关注热点属性特征的难度。而只使用粒度较粗、结果泛化的 LDA 主题模型表示评论文本时，会忽略用户评论文本中的一些细节特征和上下文语义关系。为了解决以上问题，本书利用 LSTM 学习评论文本内容中的词序信息，对语义特征进行提取，获取深层语义的词向量表示，进而实现评论文本信息的细粒度语义描述，流程如图 5-4 所示。首先通过 CBOW 模型将经过预处理的分词文本中的每一个词语转换成词向量化形式；其次将词向量按序列输入 LSTM 网络中进行深层语义的特征提取；最后生成评论文本的语义特征向量。

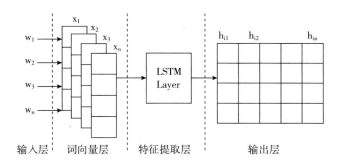

图 5-4　文本语义特征提取流程

用户评论都可以看成由一组词语构成的序列信息。已知评论文本 D 由 N 个词汇组成，即 D＝（W_1，W_2，…，W_N）。利用词嵌入模型进行训练，使用 CBOW 算法将每个词语特征映射到一个较短的、连续低稠密的向量空间中，每个词语特征都被映射为 p 维的实数向量，得到评论文本 D 的词语向量表示：

$$X_D = [x_1, x_2, \cdots, x_N] \in R^{N \times p} \tag{5-3}$$

其中，x_N 表示评论文本 D 中第 N 个词语的词向量，$R^{N \times p}$ 表示一个行数为词数、列数为向量维度的矩阵。

LSTM 是一种时间递归神经网络，在处理长序列任务时具有独特的优势。它引入一个记忆状态，通过神经元的门控单元来控制存储信息，使神经元始终包含整个长序列的信息。LSTM 包含三个门控单元：遗忘门——负责控制上一时刻的状态保留；输入门——负责控制把当前状态输入到长期状态；输出门——负责控制是否把长期状态作为当前的输出。根据 sigmod 单元决定历史信息的更新与保留，留住多数有用信息，仅输出确定输出的部分。表示如下：

$$h_i = LSTMx_i, i \in [1, n] \tag{5-4}$$

其中，x_i 表示评论文本序列中第 i 个词语的词向量输入，h_i 表示评论文本 D 的语义特征向量。通过以上操作将评论文本集合 D 编码为较低维度的语义向量，得到词语与词语之间的前后语义信息。设向量维度为 b，则语义特征向量可表示为：

$$\gamma_{LSTM} = [h_1, h_2, \cdots, h_M] \in R^{M \times b} \tag{5-5}$$

其中，h_M 表示第 M 条评论的语义向量，$R^{M \times b}$ 表示一个行数为评论数、列数为向量维度的矩阵。

5.2.1.3 特征融合层

从两个层面对评论文本内容进行特征提取后，将不同维度的向量进行拼接得到最后的文本特征表示向量，通过增加向量维度和蕴含的信息量，提高特征识别方法的特征表达能力，再将其输入到 CNN 分类器中进行训练，得到基于 L-L-CNN 的特征提取方法。具体来说，首先，利用 LDA 模型和词向量方法对评论文本主题进行抽象描述，提取主题词向量，所得的主题特征矩阵的行数为酒店用户评论数，列数为主题向量维度 a。其次，根据词语的前后序列关系，结合 LSTM 模型提取评论中基于语义的短文本特征，通过向量拼接保留向量序列的时序信息，所得语义特征矩阵的行数为用户评论文本数，列数为语义向量维度 b。最后，评论文本集合 D 的两层文本向量化表示描述为：

$$V = t_{topic} \oplus \gamma_{LSTM} \tag{5-6}$$

其中，$\oplus$ 为拼接运算符。

5.2.1.4 CNN 分类模型

本书将从主题词层和语义层提取的特征词向量合并后形成的矩阵作为输入特征进行 CNN 分类训练，输出用户关注的类别概率和属性特征词标签，图 5-5 为 CNN 分类模型结构。在模型训练阶段，利用实际分类中的标签通过反向传播基于梯度下降的策略进行参数优化，损失函数采用分类交叉熵，并且引入 L2 正则化，丢失掉一些固定的参数以防在分类中出现过拟合的现象。CNN 核心部分是卷积层、池化层和全连接层，可用来自动学习输入数据的特征。它在图像分类、语音识别和自然语言处理领域应用广泛且取得了不错的效果。在卷积层一般并行使用多种卷积核作为一层卷积。若使用行数为 h 的卷积核对词向量矩阵进行卷积操作，那么提取的局部特征表示为 c。卷积的核心公式如下：

$$c_i = f(w \cdot x_{i,i+h-1} + b) \tag{5-7}$$

其中，w 和 b 是模型的超参数，f 是非线性激活函数，在一个卷积核卷积后，产生的特征图谱表示如下：

$$c_i = [c_1, c_2, \cdots c_{n+h-1}] \tag{5-8}$$

产生了特征图谱后，为了防止过拟合且减少训练的参数，对特征进行聚合统计，需要经历池化层，使用 max pooling 方法对特征进行进一步压缩，提取最关键的特征。卷积层和池化层经常多次叠加使用，以实现数据降维且获得有效的特征。池化层的特征向量输出到全连接层后，采用 softmax 分类器完成分类，生成一个 T×1 维的向量，其对应的 label 就是样本的预测标签，表示如下：

$$p(y \mid c, w, b) = softmax(F \cdot c + b) \tag{5-9}$$

其中，c_i 表示卷积操作得到的第 i 个特征，w 表示卷积核的权重矩阵，x_i 可以看作特征 x 的第 i 个输入，$x_{i,i+h-1}$ 表示 h 个词向量首尾相连，f 表示非线性激活函数，b 为偏置项。

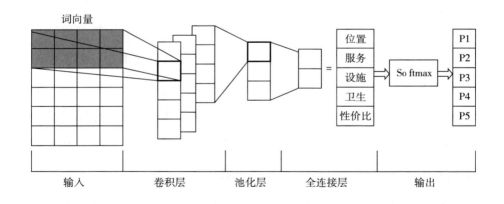

图 5-5　CNN 分类模型结构

CNN 分类模型输出特征分类后的类别概率，根据概率值的大小进行升序排列，输出前 n 个概率值对应的类别标签，将其作为顾客热点关注的主题。

主题概率的大小表征输入包含了更多该主题的特征词，因此，该主题也是顾客重点关注的。对于某一主题，酒店企业与竞争对手的顾客表现出不同的关注程度，酒店企业应该评估顾客关注的热点主题，进行营销及管理决策调整，以吸引更多的顾客。接下来，基于不同情感极性分析酒店企业与竞争对手在服务需求上的差异。

5.2.2　基于 SNA 的服务需求差异化分析

共词网络的方法主要包括共词分析和可视化网络构建两个部分。共词分析是使用属性特征词在文本评论中共同出现的频次来表示关联强度，共现的次数越多，表示这两个属性特征词的关系越密切。本书采用 SNA 构建可视化网络，SNA 在揭示词和词之间连接强度上具有较好的表现。在构建属性特征共词网络前，先汇总 CNN 模型输出的主要属性特征，构造属性特征词的共现矩阵，表示如下：

$$M = \begin{bmatrix} a_{11} & \cdots & a_{1i} \\ \vdots & \ddots & \vdots \\ a_{i1} & \cdots & a_{ii} \end{bmatrix} \tag{5-10}$$

其中，$a_{ii} = 0$，$a_{ij} = k(0 < j < i)$，k 是属性特征 i 和 j 共现的次数，k 值越大，两个属性特征关联的强度越大。对角线上的值为属性特征的词频。

将共现矩阵输入 SNA 中，就可以得到以属性特征词为节点的酒店企业与其竞争对手的服务需求共词网络，节点之间连线的粗细反映了其关系的强弱。本书在对服务需求共词网络图谱进行分析时，也通过平均度、网络直径、图密度、平均接近中心性和平均中介中心性五个指标分析共词网络的总体特征。

5.2.3　模型评估

为了说明本书提出的主题识别方法的有效性和鲁棒性，利用平均最小

Kullback Leibler（KL）散度和平均 Kendall Rank（肯德尔等级）相关系数 τ 两个指标对 L-L-CNN 方法和传统的 LDA 模型进行比较。其中，KL 散度是损失函数的一种，其取值为非负数，数值越小，两个分布相似度越高。式（5-11）中，P 表示样本的真实样本分布，Q 表示模型所预测的分布。可使用肯德尔相关系数 τ 检验两个分类变量的统计依赖性，其取值范围为-1~1。数值绝对值越大，表明两个分类变量的相关性越强，其计算方式见式（5-12）。

$$D_{KL}(P//Q) = -\sum_{x \in X} P(x) \log \frac{P(x)}{Q(x)} \tag{5-11}$$

$$\tau = \frac{4P}{n(n-1)} - 1 \tag{5-12}$$

5.3 数据采集及预处理

本书利用爬虫软件火车采集器抓取了第 3 章中初始研究样本 12500 家酒店企业 2016 年 1 月 1 日~12 月 31 日的评论文本信息，主要获取的字段包括酒店企业名称、用户昵称、评论内容，入住时间等。根据第 3 章的预处理规则，删除酒店数据中有缺失项或重复信息的酒店企业样本，最终得到了 6409 家酒店企业的 5327114 条评论文本信息。接着依据本章研究内容，对评论文本信息进行匹配分组，即利用第 3 章提出的基于 T-K-KNN 的竞争对手识别方法，获得每一家焦点酒店企业对应的主要竞争对手。这样初始语料库是由 6409 组焦点酒店企业与其竞争对手的评论文本信息组成的。

针对语料库中的文本信息，采用分词工具和停用词对评论文本集进行分词、停用词过滤和同义词合并等预处理，以形成规范的语料库。其中，中文分词就是将评论文本信息中的句子按照特定的算法分成独立的词汇。常见的中文分词系统有中科院分词系统、SnowNLP、THULAC、jieba 等（邱均平等，2005；Gao 等，2018），本书使用中文分词软件 jieba，它不仅可以进行词性标注，而且可以加入分词词典，对词汇进行纠错的同时将其加入领域词中，这样大大提高了分词准确性。停用词有多种类型，常见的有两种：一种是在文本内容表达中经常出现，但对评论文本内容表达没太大帮助的词，如"它""的""了"等。另一种是功能性停用词，这些词很少单独用来表达文本内容，如"使用""不够""针对"等。过滤停用词可以基于已有的停用词词典，如果有特殊需要可以手动建立词典，本书采用哈工大停用词工具。另外，在顾客评论文本信息中存在许多同义词或近义词，为了减少这些语义重复的词汇，需要将这类词进行合并处理，以提高分类的准确性。例如，评论中出现的"价位""价钱""价格"就是同义词。还删除了在语料库中最常见的三个词语，分别是"酒店""好""住宿"，以便后期构建清晰易理解的共词网络图谱。图 5-6 展示了部分顾客评论文本信息经过预处理后的结果。

不错 够 安静 完全符合 星 标准
五星 不 感觉 棒极了 临近 火车 东站 交通 便利 几家 大型商场 吃 玩 逛街 应有尽有
舒适 干净
地点 优势 很好 很 气派 室内 泳池 尴尬 去 正好 碰到 寒流 室内 泳池 更衣室 室外 泳池 露天 空间 冻得 舒爽 都 很棒 性价比 很 高
景观 好 位置 优越
服务 好 床 舒服
价格 整体 水平 不错
都 很好 高层 房间 望远镜 看恒大 比赛 清晰
位于 广州东站 天河体育中心 地铁站 分钟 路程 交通 周边 吃饭 房间 很大 很 宽敞 高楼层 房间 体育场 广州 塔 设施 都 不错 室内 游泳池 小
好 房间 大 广州 最冷 入住 空调 制热 很好 都 很 不错 值得 入住 特别 带 小朋友 订大床 房 足够
服务 很好
性价比 挺高
冬天 暖气 被子 太薄 最冷 入住 感冒
五星 不 感觉 棒极了 临近 火车 东站 交通 便利 几家 大型商场 吃 玩 逛街 应有尽有
地理位置 好 房间 大 卫生 好 里 物价 实在 贵 离谱 看 攻略 没定 早饭 吃饭 好多
房间 设施 很 完善

图 5-6　顾客评论文本信息的部分预处理结果

5.4 实验结果与分析

原始用户评论文本信息中包含了大量无用的信息，首先对语料进行一系列预处理，得到规范的词典库，将处理好的数据输入到文本特征提取模型中，以获取主题词层和文本语义层的文本表示。其次将其输入 CNN 中进行分类训练，得到用户关注的前 n 个主题类别与对应的服务需求词。最后利用 SNA 构建服务需求的共词网络图谱，以对焦点酒店企业与其竞争对手进行差异化分析。

本书使用 Python 中的 Keras 框架来实现 LSTM 神经网络模型，Gensim 工具包训练 CBOW 模型。在 Tesnsorflow 框架下进行 CNN 训练，实现在线评论文本信息的服务需求识别，实验中的主要参数设置如下：基于 Gibbs 采样方法训练 LDA 主题模型，通过五折交叉验证的方法进行 1000 次迭代。观察不同主题数 K 值下的模型困惑度。如图 5-7 所示，当 K 为 9 时，Perplexity 的数值最低，此时 LDA 主题模型能够较好地涵盖酒店企业顾客文本评论信息的内容。使用 Word2Vec 时用 CBOW 训练方式以及负采样的优化方法，其中，主题层中词向量维度 a 设为 100，窗口大小为 8。基于 L-L-CNN 的特征提取方法中 LSTM 的层数量为 3，神经元数量为 256，卷积层神经元数量为 128，全连接层神经元数量是 512，学习率为 0.001，词向量维度 b 是 100。CNN 模型的向量维度设为 100，卷积核窗口大小为 8，初始化学习率为 0.001，迭代次数为 1000。

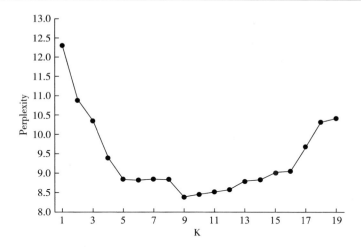

图 5-7 不同主题下的 LDA 模型困惑度

5.4.1 模型对比分析

本书首先用损失函数评估基于 L-L-CNN 特征提取方法的鲁棒性，并与传统 LDA 方法进行比较，经多次实验后将迭代次数设为 30，绘制损失函数图，具体如图 5-8 所示。由图可知，随着迭代次数的不断增加，两个模型的损失值同时趋于收敛，但 L-L-CNN 下降速度较快。L-L-CNN 提取服务需求方法相比 LDA 主题模型的特征构造复杂，但收敛速度最快且损失值最低，表明该模型的鲁棒性好，特征提取性能优。

其次利用 KL 散度衡量基准模型与基于 L-L-CNN 的特征提取方法的相似性，通过式（5-11）可知，两个模型生成主题的 KL 散度值为 0.81，说明两个模型主题类别在分布上差异较大。

最后采用肯德尔相关系数评估基于 L-L-CNN 的特征提取方法和基准模型在相似主题类别中服务需求排序上的差异性，根据 KL 距离，找到两个模

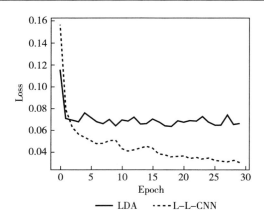

图 5-8　损失值随迭代次数变化的情况

型中最相似的主题，各取前 20 个概率值最高的属性特征词进行排序，计算其 τ，再取均值。根据相应公式计算得到 τ 的数值为 0.17，说明两个模型生成的主题即使相似，但主题对应的服务需求词排序差异很大。因此，基于 L-L-CNN 的特征提取方法相较于基准 LDA 模型鲁棒性更好，而且通过比较平均 KL 散度和平均 τ 数值，发现基准 LDA 主题模型和基于 L-L-CNN 的特征提取方法在主题类别分布上差异性很大，并且主题内部的词语排序也不同。由此说明，多粒度文本特征的主题识别方法能够解决传统 LDA 模型存在的问题与弊端。

5.4.2　服务需求的提取

利用 L-L-CNN 特征提取方法对酒店企业和竞争对手在线文本评论信息进行属性特征提取，根据 CNN 模型输出结果，获取概率最高的前五个主题类别以及所对应的服务需求词。以酒店企业 B 酒店与其竞争对手 C 酒店为例，表 5-1 显示了两个酒店企业在线评论文本信息对应的前五个主题类别及其服务需求词，可以看出，顾客关注的两个酒店前五个主题类别和属性特征基本一致，根据主题所对应的服务需求词，这五个主题类别可以被命名为"位置""便利设施""性价比""体验""交易"。具体来说，主题 1（位置）是指酒店企业所在的位置以及是否方便顾客，包含的关键词有"位置""环境""交通""方便""吃饭""距离"等。主题 2（便利设施）表示在酒店企业为顾客住宿提供的有用服务和设施，包含的关键词有"设施""新""空调""卫生""开窗""早餐"等。主题 3（性价比）与顾客在酒店住宿后或住宿期间感知的金钱价值相关，包含的关键词有"价格""性价比""选择""总体""客房""经济"等。主题 4（体验）主要是指顾客逗留酒店期间的整体体验，包含的关键词有"很棒""服务""安静""干净""舒服"等。主题 5（交易）主要涉及交易行为和顾客住宿相关的机制，通常发生在入住、退房期间或到达酒店之前，包含的关键词有"前台""入住""办理""方便""升级""出租"等。前 5 个主题类别的服务需求包含了顾客评论文本中的大多数信息。

表 5-1　酒店企业与其竞争对手的服务需求主题识别

酒店名称	主题	服务需求特征词
B 酒店	T1（位置）	位置、环境、交通、吃饭、好、方便、距离、广州、东站、热闹、对面
	T2（便利设施）	设施、新、空调、卫生、开窗、早餐、健身房、电梯、齐全、大
	T3（性价比）	价格、性价比、选择、总体、客房、经济、便宜、推荐、免费、旧
	T4（体验）	服务、早餐、不错、很好、到位、环境、卫生、干净、很棒、下次
	T5（交易）	前台、入住、满意、办理、离开、态度、出租、服务、很近、升级
C 酒店	T1（位置）	位置、挺好、交通、东站、不行、地铁、方便、附近、小吃
	T2（便利设施）	设施、服务、周围、好、其他、机器人、停车场、游泳池、早餐、自助餐
	T3（性价比）	性价比、一流、环境、满意、服务、适合、赞、整体、态度、选择
	T4（体验）	好、环境、热情周到、很棒、方便、丰富、舒服、出行、巧克力、安静
	T5（交易）	前台、满意、服务、分钟、入住、方便、办理、距离、打车

根据顾客与酒店企业的互动过程，顾客与酒店企业的关联可以分为五个阶段：入住前、登记入住、停留、结账和离开。本书定义了顾客的五个不同阶段的经历中包含的不同主题，有助于酒店管理者在发现问题时，能快速做出管理决策。例如，一家酒店企业收到一些负向的评论，那么可以从这些负向评论文本信息中提取有效的服务需求，并集中在某个特定的主题上，这样管理者可以通过这种方法找到酒店运营过程中存在的问题和缺陷，进而做出相应的改进。

表5-2描述了五个主题对应的顾客与酒店企业互动的五个阶段。例如，主题1（位置）在顾客到达酒店之前和离开酒店之后、住宿期间往返酒店的过程中表现突出，因为地点对顾客来说是非常重要的。主题3（性价比）出现于顾客入住之前决定选择哪家酒店和入住之后的反思，入住结束后顾客考虑住宿是否物有所值，并写下评论。主题5（交易）在入住和结账时最为突出，当然也包括入住前顾客预订酒店时和酒店的交易互动。

表5-2　不同主题对应顾客与酒店企业互动的五个阶段

	T1 （位置）	T2 （便利设施）	T3 （性价比）	T4 （体验）	T5 （交易）
入住前	√			√	√
登记入住			√		√
停留	√	√	√		
结账			√		√
离开	√			√	

5.4.3　服务需求主题类别的差异化分析

基于 L-L-CNN 的特征提取方法输出的是主题类别概率，表达了某主题类别受到顾客关注的程度,换句话说,一个主题类别的概率越高,就意味着这个主题类别更容易受到顾客的青睐(被频繁地讨论),是顾客需求的热点。另外,评论文本的主题类别概率与属于该主题类别的特征词数量成正比,主题类别概率越大,包含的服务需求也越多。为了说明焦点酒店企业与其竞争对手在不同主题类别上的顾客偏好差异,本书以 B 酒店为焦点酒店企业进行分析,结果如图 5-9 所示。从图中可以看出,顾客对 B 酒店和竞争对手 C 酒店在体验、位置和交易主题类别方面的关注程度基本一致。不同的是,顾客对 B 酒店便利设施主题类别的关注程度明显高于 C 酒店,而对 C 酒店性价比主题类别的关注程度要高于焦点酒店企业。值得引人注意的是,B 酒店与其竞争对手 D 酒店在五个主题类别上的差异较大。对于 B 酒店,顾客热点关注的主题类别主要集中在体验、便利设施和位置,而交易和性价比主题类别的关注度较低。对于 D 酒店,顾客主要关注位置、性价比和体验,而交易和便利设施的关注度较低。这样的主题关注程度差异的比较也可以推广应用到其他竞争对手身上。总体而言,对于某一主题,竞争酒店企业之间表现出不同的顾客关注程度,焦点酒店企业应该评估顾客关注的热点主题,进行差异化营销及运营管理,以吸引更多的顾客。

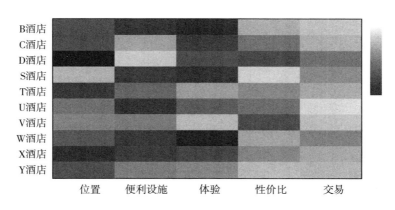

图 5-9 酒店企业与其竞争对手在主题上的差异化分析

5.4.4 基于 SNA 的服务需求共词网络图谱差异化分析

5.4.4.1 构建共现矩阵

根据上下文关系以及出现的频次，针对表 5-1 中的 B 酒店与其竞争对手 C 酒店的服务需求词，构建共现矩阵。服务需求之间的共现表明两家酒店企业之间存在联系，而共现的次数则代表了关联的强度。运用 Python 软件对服务需求进行处理，两家酒店企业的共现矩阵如表 5-3 和表 5-4 所示。

表 5-3　B 酒店共现矩阵

	房间	服务	方便	位置	入住	舒服	环境	设施	早餐	卫生	交通	…
房间	0											
服务	29	0										
方便	15	12	0									
位置	18	15	27	0								
入住	15	21	9	16	0							
舒服	24	6				0						
环境	9	12	22	32	0		0					
设施	15	12	12	18	15		14	0				
早餐	12	18		13					0			
卫生	12									0		
交通		34	15		9				9		0	
广州	12		14	17							11	…
附近								14			2	…
人员		15	9	9							3	
态度	29	13	12	6								…

表 5-4　C 酒店共现矩阵

	服务	房间	方便	早餐	位置	干净	设施	交通	广州	环境	出行	…
服务	0											

续表

	服务	房间	方便	早餐	位置	干净	设施	交通	广州	环境	出行	…
房间	36	0										
方便	27	18	0									
早餐	18	19	16	0								
位置	18	18	18	25	0							
干净	16	22	26	8		0						
设施	39	18	8		10		0					
交通	16	10	26		8	10	8	0				
广州	13		14	14				8	0			0
环境	12		12							0		
出行	10	10	20			14		6		0		
下次	4	7	5						10			…
入住	13	8	7					8				
卫生	8		10			14				8		…
前台	14	16	12		8	8						

5.4.4.2　不同情感极性下服务需求共词网络的差异化分析

众所周知，正向情感反馈代表顾客对服务需求是满意认可的，这些服务需求是酒店企业的竞争优势。而负向情感反馈则代表顾客对服务需求是不满意的，隐含着酒店企业的竞争劣势，也表明了酒店企业需要改进的地方。为了分析酒店企业与竞争对手在顾客需求上的差异以及细粒度服务需求上的竞争优劣势，本书对顾客的评论文本信息进行情感分类。现有一些研究表明，顾客评论文本对应的星级评分可以被视为评论情感极性的代表（Liu，2006；Duan 等，2008）。因此，本书根据携程平台对顾客评论文本信息的分类方法以及酒店企业的在线点评分来判定顾客评论文本信息的情感极性。具体来说，高于在线点评分的评论文本被归类为正向评论，低于三星评分的评论文本被归类为负向评论，其他的评论文本则是中性评论。此外，Chevalier 和 Mayzlin

（2006）认为，正向评论对顾客产生正向影响，负向评论对顾客产生负向影响，情感极性不明的中性评论对潜在顾客没有显著影响。基于此，本书只对评论文本信息中的正向评论和负向评论中的服务需求进行分析，然后根据服务需求出现的频率及共现关系构建不同情感极性下酒店企业与竞争对手的共词网络，利用 SNA 方法可视化服务需求从而形成共词网络图谱，进而分析酒店企业与竞争对手在不同情感极性下共词网络图谱的差异。

（1）服务需求共词网络图谱的差异化分析。本书把评论文本信息分为正向情感评论文本信息和负向情感评论文本信息，采用 L-L-CNN 提取方法识别出服务需求，再利用社会网络分析软件 Netdraw 可视化显示不同情感下服务需求共现矩阵。这样酒店企业和竞争对手能够获得正向主题及对应的服务需求词和负向主题及对应的服务需求词，正向主题和服务需求代表了顾客比较满意的要素，是酒店的相对竞争优势；而负向主题和服务需求代表了顾客最不满意的要素，是酒店企业的相对竞争劣势，也是企业要关注和改进的方面。以 B 酒店与其竞争对手之一 C 酒店为例，本书利用 SNA 方法可视化服务需求的共现关系，并比较两个酒店企业在共词网络图谱的差异。图 5-10 为根据服务需求词的共现关系以及共现的频次形成的不同情感极性下焦点酒店企业和竞争对手的共词网络图谱。图 5-10 中节点大小代表的是服务需求出现的频次，频次越高，节点就越大。图 5-10（a）和图 5-10（b）显示了 B 酒店的正向和负向共词网络。图 5-10（c）和图 5-10（d）显示了 C 酒店的正向和负向共词网络。服务需求词在同一评论文本中出现时，两者之间就会有一条连线，连线的粗细表示两者出现频次的高低。

从正向服务需求共词网络图谱来看，两个相互竞争的酒店企业的网络图谱中共同出现的频率比较高的服务需求是房间、位置、服务，然而在一些细粒度服务需求上还存在差异。对于 B 酒店，与房间、位置和服务相连的服务

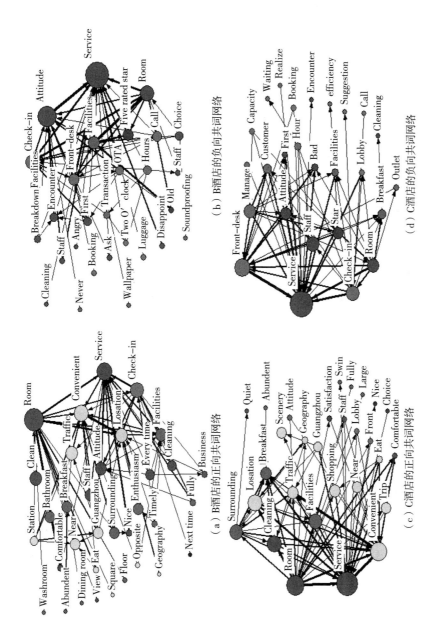

（a）B酒店的正向共词网络

（b）B酒店的负向共词网络

（c）C酒店的正向共词网络

（d）C酒店的负向共词网络

图 5-10　服务需求共词网络图谱

需求是周到、舒服、早餐、人员等。这些全局服务需求和局部服务需求（细粒度）的出现频率以及连接关系表明，焦点酒店的整体服务是周到和令人舒适的，特别是早餐服务。与位置相连的东站、方便等细粒度服务需求，表明焦点酒店企业的位置优势是离广州东站很近，去火车站方便。对于C酒店，出现频次较高的有设施和周边等服务需求，与它们相连的巧克力、曲奇饼、健身房和泳池等这些细粒度的服务需求也出现在网络图谱中。这些细粒度的服务需求能够反映C酒店日常运营中的一些营销技巧，例如，向顾客免费提供巧克力和曲奇饼，增加顾客的愉悦感，进而提高顾客的满意度。同时，健身房和泳池设施的体验也给顾客留下深刻与美好的印象。可以发现，B酒店在体验、便利设施和位置主题上的热度比较高。大多数顾客对便利设施和位置主题涉及的服务需求是满意的，这些方面是B酒店的优势。而C酒店中的热点主题是体验、位置和性价比。从网络图谱中可以发现，不同于B酒店离广州东站近的优势，C酒店的位置优势是周边商场多，购物方便。

从负向服务需求共词网络图谱来看，在B酒店的正向网络图谱中出现的服务需求词"服务"和"房间"也出现在负向网络图谱中，和它们连接的服务需求有前台、五星级、味道、标准、孩子、失望等，依据这些连接的服务需求可以推断，B酒店对前台服务等方面需要进一步改进。C酒店的服务需求词"服务"和"房间"也出现在负向网络图谱中，和它们连接的服务需求词有设施、房型、人员、陈旧、态度和失望等。另外，在负向评论中"前台"的出现频率比较高，通过和它所连接的服务需求词打电话、手续、态度和意识可知，酒店在顾客电话咨询等方面需要进一步改进。尽管B酒店体验主题的热度比较高，但在负向共词网络中出现了关于体验主题的讨论，所以B酒店应在这个主题相关的服务需求上做相应的调整改善。另外，交易主题的讨论热度虽然不高，但在负向主题网络中出现频率高，是酒店的劣势，需要管理者对与"交易"主题相关的服务需求进行调整。

因此，结合正向和负向的网络图谱可知，对于 C 酒店来说，大多数顾客对酒店位置是满意的，位置是酒店的优势所在。"体验"的热度相对高，和 B 酒店相比，其涉及的服务需求在负向主题共词网络中出现的更多。而且在负向网络图谱中出现了很多与"便利设施"相关的服务需求，如床、早餐和时间等，给顾客带来不好的体验和感知。此外，交易主题的服务需求词在负向主题共词网络中出现频率高，也是酒店的不足。总之，B 酒店与竞争对手 C 酒店相比，在便利设施和体验方面有优势。酒店企业和竞争对手通过不同情感倾向下的共词网络图谱，可以发现竞争酒店在服务需求上的差异，细粒度地发现竞争优劣势，并根据这些优劣势进行相应的差异化运营和服务改进。

（2）服务需求网络结构的差异化分析。本书进一步分析竞争酒店企业的社会网络特征，帮助酒店企业全面地清晰认知其服务需求的关联关系以及整体表现。以焦点酒店 B 酒店与其竞争对手 C 酒店正向情感极性下的服务需求图谱为例，得到如表 5-5 所示的服务需求网络结构指数。平均度和图密度能够说明图谱中服务需求的关联程度。C 酒店的平均度（4.69）和图密度（0.48）均高于 B 酒店的平均度（3.88）和图密度（0.30），说明 C 酒店图谱中服务需求词较多且它们之间的联系更密切。换句话说，与 B 酒店相比，C 酒店在提供服务上更注意细节，或者是提供了更多的服务项目，而且这些服务项目之间关联性比较大。同时，服务需求节点的平均接近中心性数值越小，那么这个服务需求的中心性越大。B 酒店（101.96）比 C 酒店（137.18）小，说明 B 酒店的服务需求共词网络图相对简洁，网络中的服务需求相对比较聚焦。另外，B 酒店的网络规模数值是 2.71，小于 C 酒店的 3.15，再次体现了 B 酒店提供的服务项目没有其竞争对手多。而在平均中介中心性上，B 酒店（31.02）比 C 酒店（26.09）高，说明 B 酒店网络图谱中核心服务需求较多。

表 5-5　服务需求网络结构指数

	平均度	网络规模	图密度	平均接近中心性	平均中介中心性
B 酒店	3.88	2.71	0.30	101.96	31.02
C 酒店	4.69	3.15	0.48	137.18	26.09

5.5　本章小结

本章基于酒店企业和竞争对手在线评论文本信息，提出一种基于 L-L-CNN 和 SNA 的酒店企业服务需求差异化分析方法。首先利用基于 L-L-CNN 的特征提取方法，从评论文本信息提取出顾客热点关注的主题和相应的属性特征，并以此构建酒店企业和竞争对手的服务需求，建立这些服务需求的共词网络。其次采用 SNA 方法可视化不同情感极性下的服务需求共词网络图谱和网络结构特征，以清晰直观的方式对酒店企业与其竞争对手进行差异化分析，酒店企业的优劣势得到更细粒度的评估。最后根据负向情感的共词网络图谱发现需要改进的关键服务。通过本书提出的方法，酒店企业可以对顾客的住宿需求偏好有更深层次的了解，进行差异化运营和服务改进，进而实现在竞争激烈的市场中保持优势地位的目标。

第6章 结论与展望

6.1 主要研究结论

在顾客评论信息、溢出效应、服务改进、机器学习、数据挖掘、自然语言处理和商务智能等理论及技术方法的指导下，本书结合当前酒店企业面临同质化竞争严重、顾客需求越发多样化和个性化的现实问题，从技术导向、知识发现和行为导向三个方面，确定主要的研究内容。首先，本书利用电子商务平台上开放的、海量的在线评论信息识别焦点酒店企业的竞争对手。其次，在上述研究内容的基础上，理论分析和实验验证竞争对手的在线评论信息对焦点酒店企业产生的负向溢出效应及影响机理，通过竞争商务知识的发现，为下一步研究提供支持。最后，在深入理解相关酒店企业的在线评论信息相互作用的机制基础上，为了提高焦点酒店企业的吸引力，基于竞争对手和焦点酒店企业的在线评论文本信息，构建了一个基于 L-L-CNN 和 SNA 的服务需求差异化分析方法，帮助焦点酒店企业科学制定差异化运营和服务改进策略，以满足顾客的偏好需求，在市场上获得竞争优势。本书的研究结论如下：

（1）在线评论信息隐含着竞争酒店企业在属性特征上的关联关系，本书基于这种关联关系，提出一种基于 T-K-KNN 的竞争对手识别方法，并分析酒店企业的竞争优劣势。第一，利用携程网上中国 50 个城市的 6409 家酒店的 500 多万条客户评论的样本，从多个角度验证 T-K-KNN 方法在识别主要竞争对手方面的有效性和适应性。第二，发现酒店星级不同，酒店属性特征的重要性也不同。例如，对于二星级酒店，搜索排名权重比较大，在其所有的属性特征中相对重要，影响顾客考虑集的形成。价格的权重大于位置属性特征，当酒店的价格达到顾客预期时，酒店企业其他属性特征对顾客的购买行为影响较小。而且，相比于其他星级酒店，二星级酒店搜索排名、价格和推荐率的权重较大。对于五星级酒店，位置属性特征的重要性超过价格和搜索排名，而且相比于其他星级酒店，五星级酒店位置和服务属性特征的权重最大。另外，尽管在所有的星级酒店中，服务属性特征的权重不大，但是随着酒店级别的升高，服务的重要性是增加的。第三，对比酒店企业与其竞争对手在不同属性特征上的优劣势，进而提出相应的服务改进措施。

（2）基于酒店企业的同质化竞争现状，本书从竞争的视角验证相关酒店企业的在线评论信息，对于焦点酒店企业产生的负向溢出效应，发现竞争对手在线评论信息的可信度、竞争对手点评分的离散度和酒店星级能够调节负向溢出效应程度。第一，通过一阶差分模型验证了竞争对手的在线评论信息对焦点酒店企业产生的负向溢出效应。第二，竞争对手点评分的可信度和竞争对手点评分的离散度对负向溢出效应的调节作用存在差异，相较于高的竞争对手点评分可信度，低的竞争对手点评分可信度减缓负向溢出程度。而且不同于常规认知的是，与高的竞争对手点评分离散度相比，低的竞争对手点评分离散度使焦点酒店企业更容易受到竞争对手点评分的影响。第三，竞争对手点评分对不同星级焦点酒店企业产生的负向溢出效应存在差异，相比于高星级酒店，竞争对手点评分对低星级酒店产生的负向溢出效应更强。

（3）本书提出了基于 L–L–CNN 和 SNA 的服务需求差异化分析方法，发现顾客偏好与需求，以获得市场竞争优势。第一，利用 L–L–CNN 方法从评论文本信息中快速提取出顾客热点关注的属性特征，为焦点酒店企业构建有效的顾客服务需求，并与基准模型进行比较，利用损失函数、平均最小 KL 散度和平均肯德尔等级相关系数验证了 L–L–CNN 特征提取方法的有效性和鲁棒性。第二，对于某一主题类别，焦点酒店企业与其竞争对手表现出不同的顾客关注程度。例如，B 酒店与其竞争对手 D 酒店在五个主题类别上差异较大，B 酒店的主题类别主要集中在体验、便利设施和位置方面，而交易和性价比主题类别受到的关注较少。而 D 酒店则主要集中在位置、性价比和体验方面，交易和便利设施受到的关注较少。通过评估顾客关注的热点主题类别，焦点酒店企业可以及时进行营销调整及差异化运营管理，以吸引更多的顾客。第三，对焦点酒店与其竞争对手的服务需求共词网络图谱和网络结构进行差异化分析，通过对比分析竞争酒店企业在顾客服务需求网络图谱上的差异，细粒度评估焦点酒店企业的优势和劣势。同时，通过比较焦点酒店企业与其竞争对手在网络结构上的差异，全面清晰地认知竞争酒店企业在服务需求上的关联关系及整体表现，为酒店企业优化运营管理和改进服务提供一定的参考。

6.2 理论贡献

本书运用规范理论分析和相关的统计学、数据挖掘、机器学习及计算机科学等方法，综合论证分析了面对激烈的同质化市场竞争和顾客多样化的需求，酒店企业应该如何从市场中脱颖而出，改进运营和服务以满足顾客偏好需求，进而获取市场竞争优势。主要的理论贡献体现在以下几个方面：

（1）在传统的竞争对手识别方法中，识别竞争对手所需的数据来源于问卷调查、公司报告和新闻媒体（Wieringa 和 Verhoef，2007；Wu 和 Olk，2014），这些数据在一定程度上满足了企业的需求，但结果易受数据来源和分析方法的限制。电子商务平台上开放的在线评论信息中隐含着竞争企业在属性特征上的关联关系，能够高时效、低成本地刻画相关市场中的竞争格局。因此，本书利用信息熵、K-Means 聚类和 KNN 分类方法，提出了一种基于 T-K-KNN 的竞争对手识别方法，为酒店企业识别主要竞争对手、发现细分市场中酒店企业属性的重要性以及进行竞争优劣势评估提供了系统和有效的方法。利用携程平台上 50 个城市 6409 家酒店企业的 500 多万条在线评论信息来验证基于 T-K-KNN 的竞争对手识别方法的精准度和适应性。基于 T-K-KNN 的竞争对手识别方法，为大数据环境下的竞争对手识别提供了一定的方法借鉴。另外，利用在线评论信息进行竞争对手识别，拓展了在线评论信息的应用范围。

（2）现有研究大多探究单一酒店企业在线评论信息产生的经济效益，而本书从竞争的视角验证多个相关酒店企业的在线评论信息的相互作用，发现其影响顾客最终的购买决策及焦点酒店企业的销量。本书基于线索诊断理论和前景理论揭示竞争对手的在线评论信息影响顾客对焦点酒店企业产品或服务的感知，进而对焦点酒店企业产生负向溢出效应的机理，有助于丰富在线评论信息竞争机制研究。此外，本书系统探讨了竞争对手在线评论信息对焦点酒店企业的负向溢出效应及作用机理，明确了竞争对手点评分、竞争对手点评分的离散度和酒店星级的调节作用，并通过一阶差分模型进行了实证检验，研究结论有较强的现实意义，有助于酒店管理者通过改善管理以减弱竞争对手在线评论信息的负向溢出效应。

（3）为了满足顾客需求与偏好，在市场上获得竞争优势，本书基于在线评论文本信息提出了一种基于 L-L-CNN 和 SNA 的酒店企业服务需求差异化分析方法。针对顾客评论文本信息具有长度短、口语化和碎片化的特点，且单条评论的语义稀疏等，本书提出了基于 L-L-CNN 的特征提取方法，通过将粗粒度的主题特征和细粒度的语义特征相结合，利用卷积神经网络进行分类训练，从评论文本信息中快速提取出顾客热点关注的属性特征，并转化为焦点酒店企业的服务需求。利用平均最小 KL 散度和平均肯德尔等级相关系数验证了 L-L-CNN 特征提取方法的有效性和鲁棒性。L-L-CNN 特征提取方法解决了以往特征模型表征能力弱、泛化能力差等问题，为短文本特征提取提供了一定的方法借鉴。另外，本书利用 SNA 方法建立服务需求共现网络的社会网络结构图谱，分析酒店企业与其竞争对手在不同情感倾向下网络图谱及社会网络特征的差异，这有助于管理者深层次了解顾客需求，科学地制定差异化运营和服务改进策略，使酒店企业在竞争激烈的市场中保持优势地位。

6.3　管理启示

本书的结果给酒店企业和在线旅行网利用在线评论信息以改善其服务绩效和管理决策提供了可行的实践指导。

（1）本书基于在线评论信息提出 T-K-KNN 方法来识别竞争对手。对于酒店企业来说，首先，利用酒店企业的真实销量、市场占有率等信息，有助于酒店管理者对酒店资源进行合理规划，确定核心和潜在的企业竞争属性特征。其次，通过竞争对手识别，获取酒店企业与竞争对手在各个属性上的不同，分析其背后蕴含的经营策略、经营方向和创新能力等，进一步跟踪用户评价的变化，掌握竞争对手市场营销策略，为酒店企业能够制定出有针对性的竞争策略和管理方法提供依据。再次，酒店管理者从顾客的视角出发，明确其所处的竞争地位，充分了解自身和竞争对手的优劣势以及用户的情感态度，使酒店服务对象更加聚焦。最后，基于数据驱动的竞争对手识别方法，有助于酒店企业实现商务智能、发现数据中潜在的商业信息，从而辅助管理者做出正确的判断。

此外，对于在线旅游网站来说，首先，有助于网站加强对在线评论信息的分类管理，因为对于不同星级的酒店企业，顾客关注的属性有所不同。为了提高流量，在线旅游网站应该合理地展示酒店企业的评论信息和企业基本描述信息，使这些信息能够快速地被顾客所关注和接受。其次，有助于优化网站的可视化设计，提升顾客体验。在分析竞争对手的过程中生成了一些可视化图以帮助顾客更好地理解海量的在线评论信息，如竞争对手集合图、酒店企业和竞争对手关注的热点话题图、酒店企业与竞争对手属性在不同情感倾向下的共词网络图。这些可视化图直观快速地展示了相关产品和服务质量等，并提供有价值的见解以辅助顾客进行选择。最后，有助于平台对不同的顾客群体进行细化管理。在进行个性化推荐时，根据顾客偏好需求推荐不同类型的酒店企业，提升顾客的体验感和满意度。

（2）本书在一定程度上帮助酒店企业管理者更全面地理解开放性在线评论信息隐含的竞争机制，竞争对手的在线评论信息会对焦点酒店企业产生负向溢出效应，而酒店星级、竞争对手点评分的离散度和竞争对手点评分的可信度能够调节这种负向溢出效应。这使酒店企业在和电子商务平台合作时，能够科学地规划营销。尽管竞争对手的点评分负向影响酒店企业的销量，但竞争对手点评分的可信度会调节这种影响，如竞争对手点评分的可信度较低时，竞争对手的点评分对焦点酒店企业销量的影响会减弱。而且如果酒店企业可以提供产品品质认证书等，那么就会提高顾客对产品的确定性感知，从而抵消竞争对手带来的负向影响。另外，不同于常规认知的是，竞争对手点评分的离散度较小时，能缓解竞争对手点评分对焦点酒店企业销量的负向影响，而酒店星级负向调节竞争对手点评分对酒店企业销量的影响。因此，为了增强推荐系统或在线旅行网站的实用性，提高焦点酒店企业的营销效果，设计系统时可以考虑竞争酒店企业点评分离散分布因素的影响。总之，焦点酒店企业必须像关注自身在线评论信息一样密切关注竞争对手的在线评论信息。

（3）对酒店企业和竞争对手的服务需求进行差异化分析，研究结果对酒店企业管理有一定的启示作用。首先，本书将从文本信息中挖掘得到的主题与顾客入住前、登记入住、停留、结账和离开五个不同阶段的经历相对应，有助于管理者在发现问题时快速做出应对。其次，利用热图可视化显示顾客对竞争酒店企业主题的关注程度。对于某一主题，竞争酒店企业表现出不同的顾客关注程度，酒店企业应该评估顾客关注的热点主题，进行营销及管理决策调整，以吸引更多的顾客。最后，通过与竞争对手进行服务需求的社会网络结构图谱对比，有助于酒店企业快速识别自身竞争优劣势，建立以顾客为中心的商业运作模式，根据差异结论进行服务调整以满足顾客的期望，达到改善细分市场的目的。此外，根据负向情感极性下的服务需求社会网络结构图谱，酒店企业可以发现需要改进的关键服务，科学地制定运营和服务改进策略。

6.4 研究局限与展望

计算机信息技术的高速发展使越来越多的顾客参与到不同阶段的企业生产活动中，这些顾客行为深刻地影响着企业之间的竞争关系。企业需要分析和处理大量与经营高度相关但又产生于企业外部的数据。例如，在线评论信息在企业和顾客的沟通中起着桥梁作用，潜在顾客浏览用户的评论信息时会获取对企业的初步印象。企业可以利用在线评论信息了解顾客需求和偏好，获取商业竞争知识及竞争对手的市场表现。另外，随着大数据时代的到来和全社会对大数据的关注与重视，企业也迫切需要一种新的竞争分析技术来处理分析这些海量的顾客评论信息，实现信息与业务的融合，以便于更好地把握客户的需求，快速应对市场变化。本书认为，未来的研究工作可以围绕以下几个方面进行拓展：

（1）结合多视角，更准确、有效地刻画酒店企业竞争格局，捕捉顾客偏好以获得竞争优势。未来可以从多种视角出发识别竞争对手，如焦点企业的视角或竞争对手的视角。此外，竞争对手识别是一个动态过程，多种视角的竞争对手分析应该贯穿于整个竞争对手分析过程。例如，当管理者意识到酒店企业之间不对称的竞争关系增强时，可以从竞争对手的视角进行市场分析；当行业边界模糊，管理者感知到潜在竞争对手的威胁时，可以从顾客视角进行竞争对手识别。

（2）本书在识别竞争对手时以酒店星级对酒店企业进行分类，未来的研究还可以基于更多的视角对酒店企业进行细分，如酒店企业的类型（商务和休闲）、顾客出行类型（商务、亲子和朋友等）、地理位置等，这样可以更系统地从多个角度细分竞争对手。

（3）本书的数据来源于中国领先的在线旅行网携程上的酒店企业样本及相关的评论信息，然而酒店企业往往选择在多个电商平台上经营销售产品，融合多源的在线评论信息进行酒店企业的竞争对手识别以及服务需求差异化分析是未来的研究方向。集成不同的数据源可以帮助酒店企业更为全面地捕捉市场上竞争关系，而且能够捕捉更多的酒店企业服务需求，为酒店企业进行更精准的差异化分析提供支持，进而获得更为科学的运营和服务改进策略。

（4）共享民宿的迅猛发展引起了很多研究人员的关注。相比于传统的酒店企业，共享民宿提供的产品和服务范围更广泛（徐峰等，2021）。本书提出的竞争对手识别和服务需求差异化分析方法可用于共享民宿，以发现共享民宿的竞争对手以及顾客的需求偏好。而且还可以通过多源网站数据，如在线旅行网和共享民宿平台，发现同一目的地指定酒店企业的竞争格局，更全面地识别竞争对手以及发现影响顾客预订的潜在因素。

参考文献

［1］ Alaei A. R. , Becken S. , Stantic B. Sentiment analysis in tourism: Capitalizing on big data ［J］. Journal of Travel Research, 2019, 58 （2）: 175-191.

［2］ Algesheimer R. , Borle S. , Dholakia U. M. , et al. The impact of customer community participation on customer behaviors: An empirical investigation ［J］. Marketing Science, 2011, 29 （4）: 756-769.

［3］ AlMousa M. , Benlamri R. , Khoury R. Exploiting non-taxonomic relations for measuring semantic similarity and relatedness in WordNet ［J］. Knowledge-Based Systems, 2021 （212）: 106565.

［4］ Amel D. F. , Rhoades S. A. Strategic groups in banking ［J］. The Review of Economics and Statistics, 1988 （70）: 685-689.

［5］ Antons D. , Breidbach C. F. Big data, big insights? Advancing service innovation and design with machine learning ［J］. Journal of Service Research. 2018, 21 （1）: 17-39.

［6］ Aral S. , Dellarocas C. , Godes D. Introduction to the special issue—social media and business transformation: A framework for research ［J］. Information

Systems Research, 2013, 24 (1): 3-13.

[7] Arenas-Márquez F. J., Martinez-Torres R., Toral S. Convolutional neural encoding of online reviews for the identification of travel group type topics on TripAdvisor [J]. Information Processing & Management, 2021, 58 (5): 102645.

[8] Arias-Pérez J., Alegre J., Villar C. Uncovering the role of competitor orientation and emotional capability in enhancing innovation performance [J]. International Journal of Organizational Analysis, 2021, 9 (13): 1-16.

[9] Arora A., Srivastava A., Bansal S. Business competitive analysis using promoted post detection on social media [J]. Journal of Retailing and Consumer Services, 2020 (54): 101941.

[10] Baker A. M., Donthu N., Kumar V. Investigating how word-of-mouth conversations about brands influence purchase and retransmission intentions [J]. Journal of Marketing Research, 2016, 53 (2): 225-239.

[11] Bastani K., Namavari H., Shaffer J. Latent dirichlet allocation (LDA) for topic modeling of the CFPB consumer complaints [J]. Expert Systems with Applications, 2019 (127): 256-271.

[12] Baum J. A. C., Lant T. K. Hits and misses: Managers' (mis) catego-rization of competitors in the manhattan hotel industry [J]. Advances in Strategic Management, 2003, 20 (6): 119-156.

[13] Becerra M., Santaló J., Silva R. Being better vs. being different: Differentiation, competition: And pricing strategies in the Spanish hotel industry [J]. Tourism Management, 2013 (34): 71-79.

[14] Behera R. K., Jena M., Rath S. K., et al. Co-LSTM: Convolutional LSTM model for sentiment analysis in social big data [J]. Information Processing &

Management, 2021, 58 (1): 102435.

[15] Bello-Orgaz G., Jung J. J., Camacho D. Social big data: Recent achievements and new challenges [J]. Information Fusion, 2016 (28): 45-59.

[16] Blal I., Sturman M. C. The differential effects of the quality and quantity of online reviews on hotel room sales [J]. Cornell Hospitality Quarterly, 2014, 55 (4): 365-375.

[17] Blei D. M., Ng A. Y., Jordan M. I. Latent dirichlet allocation [J]. Journal of Machine Learning Research, 2003 (3): 993-1022.

[18] Blei D., Carin L., Dunson D. Probabilistic topic models [J]. IEEE Signal Processing Magazine, 2010, 27 (6): 55-65.

[19] Borges A. F. S., Laurindo F. J. B., Spínola M. M., et al. The strategic use of artificial intelligence in the digital era: Systematic literature review and future research directions [J]. International Journal of Information Management, 2021 (57): 102225.

[20] BrightLocal. Local consumer review survey [EB/OL]. https: //www. br-ightlocal. com/research/local-consumer-review-survey/.

[21] Brodie R. J., Hollebeek L. D., Jurić B., et al. Customer engagement: Conceptual domain, fundamental propositions, and implications for research [J]. Journal of Service Research, 2011, 14 (3): 252-271.

[22] Brown J. R., Dev C. S. Improving productivity in a service business: Evidence from the hotel industry [J]. Journal of Service Research, 2000, 2 (4): 339-354.

[23] Buja A., Swayne D. F., Littman M. L., et al. Data visualization with multidimensional scaling [J]. Journal of Computational and Graphical Statistics,

2008, 17 (2): 444-472.

[24] Cantallops A. S. , Salvi F. New consumer behavior: A review of research on eWOM and hotels [J]. International Journal of Hospitality Management, 2014 (36): 41-51.

[25] Carroll D. , Arabie P. Multidimensional Scaling [J]. Annual Review of Psychology, 1980 (31): 607-649.

[26] Casalo L. V. , Flavian C. , Guinaliu M. , et al. Do online hotel rating schemes influence booking behaviors? [J]. International Journal of Hospitality Management, 2015 (49): 28-36.

[27] Chae I. , Stephen A. T. , Bart Y. , et al. Spillover effects in seeded word-of-mouth marketing campaigns [J]. Marketing Science, 2017, 36 (1): 89-104.

[28] Chae B. K. Insights from hashtag#supplychain and Twitter analytics: Considering Twitter and Twitter data for supply chain practice and research [J]. International Journal of Production Economics, 2015 (165): 247-259.

[29] Chakraborti S. , Dey S. Analysis of competitor intelligence in the era of big data: An integrated system using text summarization based on global optimization [J]. Business and Information Systems Engineering, 2019, 61 (3): 345-355.

[30] Chakraborty U. , Biswal S. K. Impact of online reviews on consumer's hotel booking intentions: Does brand image mediate? [J]. Journal of Promotion Management, 2020, 26 (7): 943-963.

[31] Changchit C. , Klaus T. , Lonkani R. Online reviews: What drives consumers to use them [J]. Journal of Computer Information Systems, 2022, 62 (2): 227-236.

［32］Chen H. , Chiang R. , Storey V. C. Business intelligence and analytics: From big data to big impact ［J］. MIS Quarterly, 2012, 36（4）: 1165-1188.

［33］Chen M. J. Competitor analysis and interfirm rivalry: Toward atheoretical integration ［J］. Academy of Management Review, 1996, 21（1）: 100-134.

［34］Chen W. K. , Chen L. S. , Pan Y. T. A text mining-based framework to discover the important factors in text reviews for predicting the views of live streaming ［J］. Applied Soft Computing, 2021（5）: 107704.

［35］Chen D. Q. , Preston D. S. , Swink M. How the use of big data analytics affects Chinese hotel industry ［J］. International Journal of Contemporary Hospitality Management, 2017, 29（7）: 1814-1833.

［36］Chen Y. , Yao S. Sequential search with refinement: Model and application with click-stream data ［J］. Management Science, 2016, 63（12）: 4345-4365.

［37］Cheng X. , Fu S. , Sun J. , et al. An investigation on online reviews in sharing economy driven hospitality platforms: A viewpoint of trust ［J］. Tourism Management, 2019（71）: 366-377.

［38］Cheng D. , Zhang S. , Deng Z. , et al. kNN algorithm with data-driven k value ［C］. Advanced Data Mining and Applications, 2014.

［39］Cheng M. Sharing economy: A review and agenda for future research ［J］. International Journal of Hospitality Management, 2016（57）: 60-70.

［40］Chevalier J. A. , Mayzlin D. The effect of word of mouth on sales: Online book reviews ［J］. Journal of Marketing Research, 2006, 43（3）: 345-354.

［41］Choi J. , Yoon J. , Chung J. , et al. Social media analytics and business intelligence research: A systematic review ［J］. Information Processing and

Management, 2020, 57 (6): 102279.

[42] Clark B. H., Montgomery D. B. Managerial identification of competitors [J]. Journal of Marketing, 1999, 63 (3): 67-83.

[43] Clement J. Online reviews - Statistics and facts [EB/OL]. https: // www. statist com/topics/4381/online-reviews/.

[44] Cooper L. G., Inoue A. Building market structures from consumer preferences [J]. Journal of Marketing Research, 1996, 33 (3): 293-306.

[45] Daniel M. Ringel, Bernd Skiera. Visualizing asymmetric competition among more than 1000 products using big search data [J]. Marketing Science 2016, 35 (3): 341-537.

[46] Dawes J. G. Patterns in competitive structure among retail financial services brands [J]. European Journal of Marketing, 2014, 48 (5/6): 12-13.

[47] Dellarocas C., Zhang X. M., Awad N. F. Exploring the value of online product reviews in forecasting sales: The case of motion pictures [J]. Journal of Interactive Marketing, 2007, 21 (4): 23-45.

[48] Desarbo W. S., Grewal R., Wind J. Who competes with whom? A demand - based perspective for identifying and representing asymmetric competition [J]. Strategic Management Journal, 2006, 27 (2): 101-129.

[49] DeSarbo W. S., Grewal R. An alternative efficient representation of demand-based competitive asymmetry [J]. Strategic Management Journal, 2007, 28 (7): 755-766.

[50] Diaconis P., Goel S., Holmes S. Horseshoes in multidimensional scaling and local kernel methods [J]. The Annals of Applied Statistics, 2008, 2 (3): 777-807.

［51］Du R. Y. , Hu Y. , Damangir S. Leveraging trends in online searches for product features in market response modeling ［J］. Journal of Marketing, 2015, 79（1）: 29-43.

［52］Duan W. , Gu B. , Whinston A. B. Do online reviews matter? —An empirical investigation of panel data ［J］. Decision Support Systems, 2008, 45（4）: 1007-1016.

［53］Dresp-Langley B. , Ekseth O. K. , Fesl J. , et al. Occam's razor for big data? On detecting quality in large unstructured datasets ［J］. Applied Sciences, 2019, 9（15）: 3065.

［54］Edwards, Andrew, Gnanzou, et al. How "big data" can make big impact: Findings from a systematic review and a longitudinal case study ［J］. International Journal of Production Economics, 2015, 165（7）: 234-246.

［55］El Akrouchi M. , Benbrahim H. , Kassou I. End-to-end LDA-based automatic weak signal detection in web news ［J］. Knowledge-Based Systems, 2021（212）: 106650.

［56］Eslami S. P. , Ghasemaghaei M. , Hassanein K. Which online reviews do consumers find most helpful? A multi-method investigation ［J］. Decision Support Systems, 2018（113）: 32-42.

［57］Fan Z. P. , Che Y. J. , Chen Z. Y. Product sales forecasting using online reviews and historical sales data: A method combining the Bass model and sentiment analysis ［J］. Journal of Business Research, 2017（74）: 90-100.

［58］Filieri R. , Galati F. , Raguseo E. The impact of service attributes and category on eWOM helpfulness: An investigation of extremely negative and positive ratings using latent semantic analytics and regression analysis ［J］. Computers in

Human Behavior, 2021（114）：106527.

[59] Filieri R. , Raguseo E. , Vitari C. What moderates the influence of extremely negative ratings? The role of review and reviewer characteristics [J]. International Journal of Hospitality Management, 2019（77）：333-341.

[60] Filieri R. , McLeay F. , Tsui B. , et al. Consumer perceptions of information helpfulness and determinants of purchase intention in online consumer reviews of services [J]. Information and Management, 2018, 55（8）：956-970.

[61] Gao S. , Tang O. , Wang H. , et al. Identifying competitors through comparative relation mining of online reviews in the restaurant industry [J]. International Journal of Hospitality Management, 2018（71）：19-32.

[62] Gao R. , Shah C. Toward creating a fairer ranking in search engine results [J]. Information Processing and Management, 2020, 57（1）：102138.

[63] Gavilan D. , Avello M. , Martinez-Navarro G. The influence of online ratings and reviews on hotel booking consideration [J]. Tourism Management, 2018（66）：53-61.

[64] Ghose A. , Ipeirotis P. G. , Li B. Designing ranking systems for hotels on travel search engines by mining user-generated and crowd sourced content [J]. Marketing Science, 2012, 31（3）：493-520.

[65] Goldberg D. M. , Abrahams A. S. Sourcing product innovation intelligence from online reviews [J]. Decision Support Systems, 2022（157）：113751.

[66] Golub G. H. , Heath M. , Wahba G. Generalized cross-validation as a method for choosing a good ridge parameter [J]. Technometrics, 1979, 21（2）：215-223.

[67] Gu Y. , Zhang S. , Qiu L. , et al. A layered KNN-SVM approach to

predict missing values of functional requirements in product customization [J]. Applied Sciences, 2021, 11 (5): 2420.

[68] Gupta S., Malhotra N. K., Czinkota M., et al. Marketing innovation: A consequence of competitiveness [J]. Journal of Business Research, 2016, 69 (12): 5671-5681.

[69] Guerra-Montenegro J., Sanchez-Medina J., Laña I., et al. Computational intelligence in the hospitality industry: A systematic literature review and a prospect of challenges [J]. Applied Soft Computing, 2021 (102): 107082.

[70] Guo C., Lu M., Wei W. An improved LDA topic modeling method based on partition for medium and long texts [J]. Annals of Data Science, 2021, 8 (2): 331-344.

[71] Guo Y., Wang F., Xing C., et al. Mining multi-brand characteristics from online reviews for competitive analysis: A brand joint model using Latent Dirichlet Allocation [J]. Electronic Commerce Research and Applications, 2022 (53): 101141.

[72] Gur F. A., Greckhamer T. Know thy enemy: A review and agenda for research on competitor identification [J]. Journal of Management, 2019, 45 (5): 2072-2100.

[73] Han S., Kim Y., Lee B. G. The effects of characteristics of social commerce on purchase intention-focusing on the moderating effect of social network service [J]. Journal of Internet Computing and Services, 2011, 12 (6): 171-187.

[74] Hartmann J., Huppertz J., Schamp C., et al. Comparing automated text classification methods [J]. International Journal of Research in Marketing, 2019, 36 (1): 20-38.

［75］Hatzijordanou N., Bohn N., Terzidis O. A systematic literature review on competitor analysis: Status quo and start-up specifics ［J］. Management Review Quarterly, 2019 （69）: 415-458.

［76］He W., Tian X., Chen Y., et al. Actionable social media competitive analytics for understanding customer experiences ［J］. Computer Information Systems, 2016, 56 （2）: 145-155.

［77］Heller Baird C., Parasnis G. From social media to social customer relationship management ［J］. Strategy and Leadership, 2011, 39 （5）: 30-37.

［78］Hochreiter S., Schmidhuber J. Long Short-Term Memory ［J］. Neural Computation, 1997, 9 （8）: 1735-1780.

［79］Holloway B. B., Beatty S. E. Service failure in online retailing: A recovery opportunity ［J］. Journal of Service Research, 2003, 6 （1）: 92-105.

［80］Holsapple C. W., Hsiao S. H., Pakath R. Business social media analytics: Characterization and conceptual framework ［J］. Decision Support Systems, 2018, 110 （6）: 32-45.

［81］Hou R. Music content personalized recommendation system based on a convolutional neural network ［J］. Soft Computing, 2023 （28）: 1785-1802.

［82］Hu H. W., Chen Y. L., Hsu P. T. A novel approach to rate and summarize online reviews according to user-specified aspects ［J］. Journal of Electronic Commerce Research, 2016, 17 （2）: 132-152.

［83］Hu Y. H., Chen K. Predicting hotel review helpfulness: The impact of review visibility, and interaction between hotel stars and review ratings ［J］. International Journal of Information Management, 2016, 36 （6）: 929-944.

［84］Huang F., Li X., Yuan C., et al. Attention-emotion-enhanced convolutional LSTM for sentiment analysis [J]. IEEE Transactions on Neural Networks and Learning Systems, 2021, 33 (9): 4332-4345.

[85] Huang L., Ma Y., Wang S., et al. An attention-based spatiotemporal lstm network for next poi recommendation [J]. IEEE Transactions on Services Computing, 2019, 14 (6): 1585-1597.

[86] Hussain S., Li Y., Li W. Influence of platform characteristics on purchase intention in social commerce: Mechanism of psychological contracts [J]. Journal of Theoretical and Applied Electronic Commerce Research, 2021, 16 (1): 1-17.

[87] Hollenbeck B., Moorthy S., Proserpio D. Advertising strategy in the presence of reviews: An empirical analysis [J]. Marketing Science, 2019, 38 (5): 793-811.

[88] Hu N., Liu L., Zhang J. J. Do online reviews affect product sales? The role of reviewer characteristics and temporal effects [J]. Information Technology and Management, 2008, 9 (3): 201-214.

[89] Hu N., Koh N. S., Reddy S. K. Ratings lead you to the product, reviews help you clinch it? The mediating role of online review sentiments on product sales [J]. Decision Support Systems, 2014 (57): 42-53.

[90] Ibrahim E. B., Harrison T. The impact of internal, external, and competitor factors on marketing strategy performance [J]. Journal of Strategic Marketing, 2020, 28 (7): 639-658.

[91] Ibrahim N. F., Wang X. A text analytics approach for online retailing service improvement: Evidence from Twitter [J]. Decision Support Systems, 2019, 121 (6): 37-50.

[92] Islek I., Oguducu S. G. A hierarchical recommendation system for e-commerce using online user reviews [J]. Electronic Commerce Research and Applications, 2022 (52): 101131.

[93] Jabr W., Zheng Z. E. Know yourself and know your enemy: An analysis of firm recommendations and consumer reviews in a competitive environment [J]. MIS Quarterly, 2014, 38 (3): 635-654.

[94] Jang S., Chung J., Rao V. R. The importance of functional and emotional content in online consumer reviews for product sales: Evidence from the mobile gaming market [J]. Journal of Business Research, 2021 (130): 583-593.

[95] Jiang H., Kwong C. K., Kremer G. E. O., et al. Dynamic modelling of customer preferences for product design using DENFIS and opinion mining [J]. Advanced Engineering Informatics, 2019 (42): 100969.

[96] Jin J., Ji P., Gu R. Identifying comparative customer requirements from product online reviews for competitor analysis [J]. Engineering Applications of Artificial Intelligence, 2016 (49): 61-73.

[97] Khurshid F., Zhu Y., Xu Z., et al. Enactment of ensemble learning for review spam detection on selected features [J]. International Journal of Computational Intelligence Systems, 2019, 12 (1): 387-394.

[98] Ketelaar P. E., Willemsen L. M., Sleven L., et al. The good, the bad, and the expert: How consumer expertise affects review valence effects on purchase intentions in online product reviews [J]. Journal of Computer-Mediated Communication, 2015, 20 (6): 649-666.

[99] Khare A., Labrecque L. I., Asare A. K. The assimilative and contrastive effects of word-of-mouth volume: An experimental examination of online con-

sumer ratings [J]. Journal of Retailing, 2011, 87 (1): 111-126.

[100] Kumar A., Verma S., Sharan A. ATE-SPD: Simultaneous extraction of aspect-term and aspect sentiment polarity using Bi-LSTM-CRF neural network [J]. Journal of Experimental and Theoretical Artificial Intelligence, 2021, 33 (3): 487-508.

[101] Khorsand R., Rafiee M., Kayvanfar V. Insights into TripAdvisor's online reviews: The case of Tehran's hotels [J]. Tourism Management Perspectives, 2020 (34): 100673.

[102] Kim S. J., Maslowska E., Malthouse E. C. Understanding the effects of different review features on purchase probability [J]. International Journal of Advertising, 2018, 37 (1): 29-53.

[103] Kim W. G., Li J. J., Brymer R. A. The impact of social media reviews on restaurant performance: The moderating role of excellence certificate [J]. International Journal of Hospitality Management, 2016 (55): 41-51.

[104] Kim J. Y., Canina L. Competitive sets for lodging properties [J]. Cornell Hospitality Quarterly, 2011, 52 (1): 20-34.

[105] Kim J. B., Albuquerque P., Bronnenberg B. J. Mapping online consumer search [J]. Journal of Marketing Research, 2011, 48 (1): 13-27.

[106] Kim T. G., Lee J. H., Law R. An empirical examination of the acceptance behaviour of hotel front office systems: An extended technology acceptance model [J], Tourism Management, 2008 (29): 500-513.

[107] Korfiatis N., Stamolampros P., Kourouthanassis P., et al. Measuring service quality from unstructured data: A topic modeling application on airline passengers' online reviews [J]. Expert Systems with Applications, 2019 (116):

472-486.

［108］ Köseoglu M. A., Mehraliyev F., Altin M., et al. Competitor intelli-
gence and analysis (CIA) model and online reviews: Integrating big data text min-
ing with network analysis for strategic analysis ［J］. Tourism Review, 2020, 76
(3): 529-552.

［109］ Köseoglu M. A., Yick M. Y. Y., Okumus F. Coopetition strategies for
competitive intelligence practices-evidence from full-service hotels ［J］. Interna-
tional Journal of Hospitality Management, 2021 (99): 103049.

［110］ Krieger J. L. Trials and terminations: Learning from competitors' R&D
failures ［J］. Management Science, 2021, 67 (9): 5525-5548.

［111］ Krishen A. S., Dwivedi Y. K., Bindu N., et al. A broad overview of
interactive digital marketing: A bibliometric network analysis ［J］. Journal of Busi-
ness Research, 2021 (131): 183-195.

［112］ Kumar A., Bezawada R., Rishika R., et al. From social to sale:
The effects of firm - generated content in social media on customer behavior
［J］. Journal of Marketing, 2016, 80 (1): 7-25.

［113］ Kumar V., Pansari A. Competitive advantage through engagement
［J］. Journal of Marketing Research, 2016, 53 (4): 497-514.

［114］ Kwark Y., Chen J., Raghunathan S. Online product reviews: Impli-
cations for retailers and competing manufacturers ［J］. Information Systems Re-
search, 2014, 25 (1): 93-110.

［115］ Kwark Y., Lee G. M., Pavlou P. A., et al. On the spillover effects
of online product reviews on purchases: Evidence from clickstream data ［J］. In-
formation Systems Research, 2021, 32 (3): 895-913.

［116］Kwok L. , Xie K. L. , Richards T. Thematic framework of online review research: A systematic analysis of contemporary literature on seven major hospitality and tourism journals ［J］. International Journal of Contemporary Hospitality Management, 2017, 29 (1): 307-354.

［117］Kwon Z. , Safder I. , Nawab R. M. A. Deep sentiments in Roman Urdu text using recurrent convolutional neural network model ［J］. Information Processing and Management, 2020, 57 (4): 102233.

［118］Larson D. , Chang V. A review and future direction of agile, business intelligence, analytics and data science ［J］. International Journal of Information Management, 2016, 36 (5): 700-710.

［119］Lee J. H. , Jung S. H. , Park J. H. The role of entropy of review text sentiments on online WOM and movie box office sales ［J］. Electronic Commerce Research and Applications, 2017 (22): 42-52.

［120］Lee M. , Cai Y. M. , DeFranco A. , et al. Exploring influential factors affecting guest satisfaction: Big data and business analytics in consumer-generated reviews ［J］. Journal of Hospitality and Tourism Technology, 2020, 11 (1): 998812.

［121］Lee S. , Lee S. , Baek H. Does the dispersion of online review ratings affect review helpfulness? ［J］. Computers in Human Behavior, 2020, 117 (1): 106670.

［122］Lee S. , Oh H. , Hsu C. H. Country-of-operation and brand images: Evidence from the Chinese hotel industry ［J］. International Journal of Contemporary Hospitality Management, 2017, 29 (7): 1814-1833.

［123］Leung D. , Law R. , Lee A. L. The perceived destination image of Hong Kong on ctrip ［J］. International Journal of Tourism Research, 2011,

13（2）：124-140.

［124］Leung D. , Law R. , Hoof H. , et al. Social media in tourism and hospitality：A literature review ［J］. Journal of Travel and Tourism Marketing, 2013, 30（1/2）：3-22.

［125］Levy S. E. , Duan W. , Boo S. An analysis of one-star online reviews and responses in the Washington, D. C. ［J］. Cornell Hospitality Quarterly, 2013, 54（1）：49-63.

［126］Li X. Impact of average rating on social media endorsement：The moderating role of rating dispersion and discount threshold ［J］. Information Systems Research, 2018, 29（3）：739-754.

［127］Li J. , Netessine S. Who are my competitors? Let the customer decide ［EB/OL］. https：//flora. insead. edu/fichiersti_ wp/inseadwp2012/2012-84. pdf.

［128］Li J. , Lan Q. , Liu L. , et al. Integrated online consumer preference mining for product improvement with online reviews ［J］. Journal of Systems Science and Information, 2018, 7（1）：17-36.

［129］Li K. , Chen Y. , Zhang L. Exploring the influence of online reviews and motivating factors on sales：A meta-analytic study and the moderating role of product category ［J］. Journal of Retailing and Consumer Services, 2020（55）：102107.

［130］Li Q. , Tang Y. , Xu W. , et al. Variance does matter in affecting the box office：A multi-aspect investigation ［J］. Electronic Commerce Research, 2023（23）：659-679.

［131］Li X. , Wu C. , Mai F. The effect of online reviews on product sales：A joint sentiment-top analysis ［J］. Information and Management, 2019, 56（2）：

172-184.

［132］Li W. , Zhu L. , Shi Y. , et al. User reviews: Sentiment analysis using lexicon integrated two-channel CNN-LSTM family models ［J］. Applied Soft Computing, 2020 (94): 106435.

［133］Liang D. , Wang X. The neighborhood effect of online reviews: Impact of neighbor stores' review on the review of central stores ［J］. Journal of Contemporary Marketing Science, 2019, 8 (24): 262-283.

［134］Likas A. , Vlassis N. , Verbeek J. J. The global k-means clustering algorithm ［J］. Pattern Recognition, 2003, 36 (2): 451-461.

［135］Litvin S. W. , Goldsmith R. E. , Pan B. Electronic word-of-mouth in hospitality and tourism management ［J］. Tourism Management, 2008, 29 (3): 458-468.

［136］Liu P. , Teng F. Probabilistic linguistic TODIM method for selecting products through online product reviews ［J］. Information Sciences, 2019 (485): 441-455.

［137］Liu T. , Yu S. , Xu B. , et al. Recurrent networks with attention and convolutional networks for sentence representation and classification ［J］. Applied Intelligence, 2018, 48 (10): 3797-3806.

［138］Liu Y. , Wang J. , Shao X. , et al. The current situation and development trend of China's tourism e-commerce ［J］. International Journal of Tourism Sciences, 2018, 18 (4): 312-324.

［139］Liu Y. Word of mouth for movies its dynamics and impact on box office revenue ［J］. Journal of Marketing, 2006, 70 (3): 74-89.

［140］Lu K. , Elwalda A. The impact of online customer reviews (ocrs) on customer's purchase decisions: An exploration of the main dimensions of ocrs [J]. Journal of Customer Behavior, 2016, 15 (2): 123-152.

[141] Ludwig S., De Ruyter K., Friedman M., et al. More than words: The influence of affective content and linguistic style matches in online reviews on conversion rates [J]. Journal of Marketing, 2013, 77 (1): 87-103.

[142] Luo L., Duan S., Shang S., et al. What makes a helpful online review? Empirical evidence on the effects of review and reviewer characteristics [J]. Online Information Review, 2021, 45 (3): 614-632.

[143] Luo Y., Xu X. Comparative study of deep learning models for analyzing online restaurant reviews in the era of the COVID-19 pandemic [J]. International Journal of Hospitality Management, 2021 (94): 102849.

[144] Luo Y., Zhang X., Qin Y., et al. Tourism attraction selection with sentiment analysis of online reviews based on probabilistic linguistic term sets and the IDOCRIW-COCOSO model [J]. International Journal of Fuzzy Systems, 2021, 23 (1): 295-308.

[145] Lutz B., Pröllochs N., Neumann D. Are longer reviews always more helpful? Disentangling the interplay between review length and line of argumentation [J]. Journal of Business Research, 2022 (144): 888-901.

[146] Ma B., Chen H. A Chinese product feature extraction method based on KNN algorithm [J]. Open Journal of Social Sciences, 2017, 5 (10): 128-138.

[147] Macnamara J., Zerfass A. Social media communication in organizations: The challenges of balancing openness, strategy, and management [J]. International Journal of Strategic Communication, 2012, 6 (4): 287-308.

［148］March S. T. , Hevner A. R. Integrated decision support systems: A data warehousing perspective ［J］. Decision Support Systems, 2007, 43 (3): 1031-1043.

［149］Mariani M. , Baggio R. Big data and analytics in hospitality and tourism: A systematic literature review ［J］. International Journal of Contemporary Hospitality Management, 2022, 34 (1): 231-278.

［150］Mariani M. M. , Borghi M. , Gretzel U. Online reviews: Differences by submission device ［J］. Tourism Management, 2019 (70):295-298.

［151］Maslowska E. , Malthouse E. C. , Viswanathan V. Do customer reviews drive purchase decisions? The moderating roles of review exposure and price ［J］. Decision Support Systems, 2017 (98): 1-9.

［152］Mathwick C. , Mosteller J. Online Reviewer Engagement: A typology based on reviewer motivations ［J］. Journal of Service Research. 2017, 20 (2): 204-218.

［153］Matz D. C. , Wood W. Cognitive dissonance in groups: The consequences of disagreement ［J］. Journal of Personality and Social Psychology, 2005, 88 (1): 22.

［154］Meel P. , Vishwakarma D. K. Fake news, rumor, information pollution in social media and web: A contemporary survey of state-of-the-arts, challenges and opportunities ［J］. Expert Systems with Applications, 2019, 153 (1): 112986.

［155］Minaee S. , Kalchbrenner N. , Cambria E. , et al. Deep learning-based text classification: A comprehensive review ［J］. ACM Computing Surveys (CSUR), 2021, 54 (3): 1-40.

［156］Mitani Y. , Hamamoto Y. A local mean-based nonparametric classifier

[J]. Pattern Recognition Letters, 2006, 27 (10): 1151-1159.

[157] Mn A. , Yun W. B. The cultural impact on social commerce: A sentiment analysis on Yelp ethnic restaurant reviews [J]. Information and Management, 2019, 56 (2): 271-279.

[158] Modha D. S. , Spangler W. S. Feature weighting in k-means clustering [J]. Machine Learning, 2003 (52): 217-237.

[159] Moe W. W. , Trusov M. Measuring the value of social dynamics in online product ratings forums [J]. Journal of Marketing Research, 2011, 48 (3): 444-456.

[160] Mohammed A. A. , Rashid B. B. Customer relationship management (CRM) in Hotel Industry: A framework proposal on the relationship among CRM dimensions, marketing capabilities and hotel performance [J]. International Review of Management and Marketing, 2012, 2 (4): 220-230.

[161] Mohammed I. , Guillet B. D. , Law R. Competitor set identification in the hotel industry: A case study of a full-service hotel in Hong Kong [J]. International Journal of Hospitality Management, 2014, 39 (39): 29-40.

[162] Moon S. , Kim M. Y. , Bergey P. K. Estimating deception in consumer reviews based on extreme terms: Comparison analysis of open vs. closed hotel reservation platforms [J]. Journal of Business Research, 2019, 102 (9): 83-96.

[163] Moon S. , Xia W. A. A picture is worth a thousand words: Translating product reviews into a brand-positioning map [J]. International Journal of Research in Marketing, 2017, 34 (1), 265-285.

[164] Mudambi S. M. , Schuff D. What makes a helpful online review? A study of customer reviews on amazon. com [J]. MIS Quarterly, 2010, 34 (1):

185-200.

[165] Mullainathan, Sendhil, Spiess. Machine learning: An applied econometric approach [J]. The Journal of Economic Perspectives, 2017, 31 (2): 87-106.

[166] Murphy R. Local consumer review survey [EB/OL]. https://www. brightlocal. com/rese arch/local-consumer-review-survey/.

[167] Nair G. K. Dynamics of pricing and non-pricing strategies, revenue management performance and competitive advantage in hotel industry [J]. International Journal of Hospitality Management, 2019 (82): 287-297.

[168] Nainggolan R. , Purba E. The cluster analysis of online shop product reviews using K-Means clustering [J]. Data Science: Journal of Computing and Applied Informatics, 2020, 4 (2): 111-121.

[169] Nam H. , Joshi Y. V. , Kannan P. K. Harvesting brand information from social tags [J]. Journal of Marketing, 2017, 81 (4): 88-108.

[170] Nasution H. N. , Mavondo F. T. Organisational capabilities: Anteplications for customer value [J]. European Journal of Marketing, 2008, 42 (3/4): 477-501.

[171] Nelson R. R. Demand, supply, and their interaction on markets, as seen from the perspective of evolutionary economic theory [J]. Journal of Evolutionary Economics, 2013, 23 (1): 17-38.

[172] Netzer O. , Feldman R. , Goldenberg J. , et al. Mine your own business: Market-structure surveillance through text mining [J]. Marketing Science, 2012, 31 (3): 521-543.

[173] Ng D. , Westgren R. , Sonka S. Competitive blind spots in an institu-

tional field ［J］. Strategic Management Journal, 2009, 30 (4): 349-369.

［174］ Nilashi M., Minaei-Bidgoli B., Alrizq M., et al. An analytical approach for big social data analysis for customer decision-making in eco-friendly hotels ［J］. Expert Systems with Applications, 2021 (186): 115722.

［175］ O'Connor P. Managing a hotel's image on TripAdvisor ［J］. Journal of Hospitality Marketing and Management, 2010, 19 (7): 754-772.

［176］ Oliveira A. S., Renda A. I., Correia M. B., et al. Hotel customer segmentation and sentiment analysis through online reviews: An analysis of selected European markets ［J］. Tourism and Management Studies, 2022, 18 (1): 29-40.

［177］ O'Neill J. W., Hanson B., Mattila A. S. The relationship of sales and marketing expenses to hotel performance in the United States ［J］. Cornell Hospitality Quarterly, 2008, 49 (4): 355-363.

［178］ Oestreicher–Singer G., Sundararajan A. Recommendation networks and the long tail of electronic commerce ［J］. MIS Quarterly, 2012, 36 (1): 65-83.

［179］ Osinaike A. A. An exploratory study of revenue management practice in Nigeria's small and medium-sized hotels ［J］. International Journal of Management Practice, 2021, 14 (2): 174-197.

［180］ Chintagunta P. K., Gopinath S., Venkataraman S. The effects of online user reviews on movie box office performance: Accounting for sequential rollout and aggregation across local markets ［J］. Marketing Science, 2010, 29 (5): 944-957.

［181］ Park S., Nicolau J. L. Asymmetric effects of online consumer reviews

[J]. Annals of Tourism Research, 2015 (50): 67-83.

[182] Pan B., Zhang L., Law R. The complex matter of online hotel choice [J]. Cornell Hospitality Quarterly, 2013, 54 (1): 74-83.

[183] Parasuraman A., Berry L. L., Zeithaml V. A. More on improving service quality measurement [J]. Journal of Retailing, 1993, 69 (1): 140-147.

[184] Pathak B., Garfinkel R., Gopal R. D., et al. Empirical analysis of the impact of recommender systems on sales [J]. Journal of Management Information Systems, 2010, 27 (2): 159-188.

[185] Pavlou P. A., Dimoka A. The nature and role of feedback text comments in online marketplaces: Implications for trust building, price premiums, and seller differentiation [J]. Information Systems Research, 2006, 17 (4): 392-414.

[186] Pavone P., Migliaccio G., Simonetti B. Investigating financial statements in hospitality: A quantitative approach [J]. Quality & Quantity, 2021 (57): 383-407.

[187] Pelsmacker P. D., Tilburg S. V., Holthof C. Digital marketing strategies, online reviews and hotel performance [J]. International Journal of Hospitality Management, 2018 (72): 47-55.

[188] Peteraf M. A., Bergen M. E. Scanning dynamic competitive landscapes: A market-based and resource-based framework [J]. Strategic Management Journal, 2003, 24 (10): 1027-1041.

[189] Phillips P., Zigan K., Silva M. M. S., et al. The interactive effects of online reviews on the determinants of swiss hotel performance: A neural network analysis [J]. Tourism Management, 2015, 50 (2): 130-141.

［190］Porter M. E. How competitive forces shape strategy ［J］. Readings in Strategic Management, 1979, 57（2）: 78-93.

［191］Ponta L. , Puliga G. , Oneto L. , et al. Identifying the determinants of innovation capability with machine learning and patents ［J］. IEEE Transactions on Engineering Management, 2020（99）: 1-11.

［192］Putri A. P. Negative online reviews of popular products: Understanding the effects of review proportion and quality on consumers' attitude and intention to buy ［J］. Electronic Commerce Research, 2019, 19（1）: 159-187.

［193］Ranjan J. , Foropon C. Big data analytics in building the competitive intelligence of organizations ［J］. International Journal of Information Management, 2021（56）: 102231.

［194］Rajan K. , Ramalingam V. , Ganesan M. , et al. Automatic classification of Tamil documents using vector space model and artificial neural network ［J］. Expert Systems with Applications, 2009, 36（8）: 10914-10918.

［195］Rapp A. , Agnihotri R. , Baker T. L. , et al. Competitive intelligence collection and use by sales and service representatives: How managers' recognition and autonomy moderate individual performance ［J］. Journal of the Academy of Marketing Science, 2015, 43（3）: 357-374.

［196］Ray A. , Bala P. K. , Rana N. P. Exploring the drivers of customers' brand attitudes of online travel agency services: A text-mining based approach ［J］. Journal of Business Research, 2021（128）: 391-404.

［197］Rehman M. , Chang V. , Batool A. , et al. Big data reduction framework for value creation in sustainable enterprises ［J］. International Journal of Information Management, 2016, 36（6）: 917-928.

［198］Rhee H. T. , Yang S. B. Does hotel attribute importance differ by hotel? Focusing on hotel star-classifications and customers' overall ratings ［J］. Computers in Human Behavior, 2015（50）: 576-587.

［199］Riaz S. , Fatima M. , Kamran M. , et al. Opinion mining on large scale data using sentiment analysis and K-Means clustering ［J］. Cluster Computing, 2019, 22（3）: 7149-7164.

［200］Ritov Y. Estimation in a linear regression model with censored data ［J］. Annals of Statistics, 1990, 18（1）: 303-328.

［201］Runge S. , Schwens C. , Schulz M. The invention performance implications of coopetition: How technological, geographical, and product market overlaps shape learning and competitive tension in R&D alliances ［J］. Strategic Management Journal, 2022, 43（2）: 266-294.

［202］Schoenmueller V. , Netzer O. , Stahl F. The polarity of online reviews: Prevalence, drivers and implications ［J］. Journal of Marketing Research, 2020, 57（5）: 853-877.

［203］Schweidel D. A. , Moe W. W. Listening in on social media: A joint model of sentiment and venue format choice ［J］. Journal of Marketing Research, 2014, 51（4）: 387-402.

［204］Shamim S. , Yang Y. , Zia N. U. , et al. Big data management capabilities in the hospitality sector: Service innovation and customer generated online quality ratings ［J］. Computers in Human Behavior, 2021（121）: 106777.

［205］Shannon C. E. A mathematical theory of communication ［J］. The Bell System Technical Journal, 1948, 27（3）: 379-423.

［206］Sidhu J. S. , Nijssen E. J. , Commandeur H. R. Business domain definition practice: Does it affect organisational performance [J]. Long Range Planning, 2000, 33 (3): 376-401.

[207] Singh A. , Jenamani M. , Thakkar J. J. , et al. Quantifying the effect of eWOM embedded consumer perceptions on sales: An integrated aspect – level sentiment analysis and panel data modeling approach [J]. Journal of Business Research, 2022 (138): 52-64.

[208] Smironva E. , Kiatkawsin K. , Lee S. K. , et al. Self – selection and non – response biases in customers' hotel ratings—a comparison of online and offline ratings [J]. Current Issues in Tourism, 2020, 23 (10): 1191-1204.

[209] Sohn M. H. , You T. , Lee S. L. Corporate strategies, environmental forces, and performance measures: A weighting decision support system using thek – nearest neighbor technique [J]. Expert Systems with Applications, 2003, 25 (3): 279-292.

[210] Sokolova T. , Krishna A. Pick your poison: Attribute trade-offs in unattractive consideration sets [J]. Journal of Consumer Psychology, 2021, 31 (2): 319-328.

[211] Song Y. , Li G. , Li T. , et al. A purchase decision support model considering consumer personalization about aspirations and risk attitudes [J]. Journal of Retailing and Consumer Services, 2021 (63): 102728.

[212] Song B. D. , Ko Y. D. Quantitative approaches for location decision strategies of a hotel chain network [J]. International Journal of Hospitality Management, 2017 (67): 75-86.

[213] Souza T. L. D. , Nishijima M. , Fava A. C. P. Do consumer and expert reviews affect the length of time a film is kept on screens in the USA? [J]. Journal

of Cultural Economics，2019，43（1）：145-171.

［214］Sparks B. A. ，Browning V. The impact of online reviews on hotel booking intentions and perception of trust ［J］. Tourism Management，2011，32（6）：1310-1323.

［215］Srinivas S. ，Rajendran S. Topic－based knowledge mining of online student reviews for strategic planning in universities ［J］. Computers and Industrial Engineering，2019（128）：974-984.

［216］Srivastava R. K. ，Leone R. P. ，Shocker A. D. Market structure analysis：Hierarchical clustering of products based on substitution－in－use ［J］. Journal of Marketing，1981，45（3）：38-48.

［217］Stephen X. He，Samuel D. Bond. Why is the crowd divided? Attribution for dispersion in online word of mouth ［J］. Journal of Consumer Research，2015，41（6）：1509-1527.

［218］Subramanian N. ，Gunasekaran A. ，Yu J. ，et al. Customer satisfaction and competitiveness in the Chinese e－retailing：Structural equation modeling（SEM）approach to identify the role of quality factors ［J］. Expert Systems with Applications，2014，41（1）：69-80.

［219］Sun S. ，Luo C. ，Chen J. A review of natural language processing techniques for opinion mining systems ［J］. Information Fusion，2017（36）：10-25.

［220］Sun X. ，Han M. ，Feng J. Helpfulness of online reviews：Examining review informativeness and classification thresholds by search products and experience products ［J］. Decision Support Systems，2019（124）：113099.

［221］Tang T. Y. ，Zhang S. K. ，Peng J. The value of marketing innovation：

Market – driven versus market – driving [J]. Journal of Business Research, 2021 (126): 88-98.

[222] Thomas M. J., Wirtz B. W., Weyerer J. C. Determinants of online review credibility and its impact on consumers' purchase intention [J]. Journal of Electronic Commerce Research, 2019, 20 (1): 1-20.

[223] Torres E. N., Singh D., Robertson–Ring A. Consumer reviews and the creation of booking transaction value: Lessons from the hotel industry [J]. International Journal of Hospitality Management, 2015 (50): 77-83.

[224] Tran G. A., Strutton D. Comparing email and SNS users: Investigating e–servicescape, customer reviews, trust, loyalty and E–WOM [J]. Journal of Retailing and Consumer Services, 2020 (53): 101782.

[225] Thakur R. Customer engagement and online reviews [J]. Journal of Retailing and Consumer Services, 2018 (41): 48-59.

[226] Tsai C. F., Chen K., Hu Y. H., et al. Improving text summarization of online hotel reviews with review helpfulness and sentiment [J]. Tourism Management, 2020 (80): 104122.

[227] Tsai H., Gu Z. Optimizing room capacity and profitability for Hong Kong hotels [J]. Journal of Travel and Tourism Marketing, 2012, 29 (1): 57-68.

[228] Tsai W., Su K. H., Chen M. J. Seeing through the eyes of a rival: Competitor acumen based on rival–centric perceptions [J]. Academy of Management Journal, 2011, 54 (4): 761-778.

[229] Wang F., Liu X., Fang E. E. User reviews variance, critic reviews variance, and product sales: An exploration of customer breadth and depth effects

[J]. Journal of Retailing, 2015, 91 (3): 372-389.

[230] Wang Q., Zhang W., Li J., et al. Effect of online review sentiment on product sales: The moderating role of review credibility perception [J]. Computers in Human Behavior, 2022 (33): 107272.

[231] Wang Y., Xu W. Leveraging deep learning with LDA-based text analytics to detect automobile insurance fraud [J]. Decision Support Systems, 2018 (105): 87-95.

[232] Wang W., Siau K. Artificial intelligence, machine learning, automation, robotics, future of work and future of humanity: A review and research agenda [J]. Journal of Database Management, 2019, 30 (1): 61-79.

[233] Wang W., Yi F., Dai W. Topic analysis of online reviews for two competitive products using latent dirichlet allocation [J]. Electronic Commerce Research and Applications, 2018 (29): 142-156.

[234] Wen J., Lin Z., Liu X., et al. The interaction effects of online reviews, brand, and price on consumer hotel booking decision making [J]. Journal of Travel Research, 2021, 60 (4): 846-859.

[235] Wieringa J. E., Verhoef P. C. Understanding customer switching behavior in a liberalizing service market: An exploratory study [J]. Journal of Service Research, 2007 (10): 174-186.

[236] Wiora J., Kozyra A., Wiora A. A weighted method for reducing measurement uncertainty below that which results from maximum permissible error [J]. Measurement Science and Technology, 2016, 27 (3): 035007.

[237] Wirtz J., Chew P. The effects of incentives, deal proneness, satisfaction and tie-strength on word-of-mouth behavior [J]. International Journal of

Service Industry Management, 2002, 13 (2): 141-162.

[238] Wu C. H. Strategic and operational decisions under sales competition and collection competition for end-of-use products in remanufacturing [J]. International Journal of Production Economics, 2015 (169): 11-20.

[239] Wu X., Fang L., Wang P., et al. Performance of using LDA for Chinese news text classification [C]. Halifax, NS, Canada: 2015 IEEE 28th Canadian Conference on Electrical and Computer Engineering (CCECE), 2015.

[240] Wu X., Jin L., Xu Q. Expertise makes perfect: How the variance of a reviewer's historical ratings influences the persuasiveness of online reviews [J]. Journal of Retailing, 2021, 97 (2): 238-250.

[241] Wu Y., Liu T., Teng L., et al. The impact of online review variance of new products on consumer adoption intentions [J]. Journal of Business Research, 2021 (136): 209-218.

[242] Wu J., Olk P. Technological advantage, alliances with customers, local knowledge and competitor identification [J]. Journal of Business Research, 2014, 67 (10): 2106-2114.

[243] Wu L., Mattila A. S., Wang C., et al. The impact of power on service customers willingness to post online reviews [J]. Journal of Service Research, 2016, 19 (2): 224-238.

[244] Wu X., Kumar V., Ross Quinlan J., et al. Top 10 algorithms in data mining [J]. Knowledge and Information Systems, 2008, 14 (1): 1-37.

[245] Xia H., Vu H. Q., Law R., et al. Evaluation of hotel brand competitiveness based on hotel features ratings [J]. International Journal of Hospitality Management, 2019, 86 (2): 102366.

［246］Xiang Z. , Gretzel U. Role of social media in online travel information search ［J］. Tourism Management, 2010, 31 （2）: 179-188.

［247］Xiang Z. , Law R. Online competitive information space for hotels: An information search perspective ［J］. Journal of Hospitality Marketing and Management, 2013, 22 （5）: 530-546.

［248］Xie K. L. , Kwok L. The effects of Airbnb's price positioning on hotel performance ［J］. International Journal of Hospitality Management, 2017 （67）: 174-184.

［249］Xie K. L. , Zhang Z. , Zhang Z. , et al. Effects of managerial response on consumer eWOM and hotel performance: Evidence from TripAdvisor ［J］. International Journal of Contemporary Hospitality Management, 2016, 28 （9）: 2013-2034.

［250］Xiong S. , Ji D. Exploiting flexible-constrained k-means clustering with word embedding for aspect-phrase grouping ［J］. Information Sciences, 2016 （367）: 689-699.

［251］Xu K. , Liao S. S. , Li J. , et al. Mining comparative opinions from customer reviews for competitive intelligence ［J］. Decision Support Systems, 2011, 50 （4）: 743-754.

［252］Xu X. , Wang X. , Li Y. , et al. Business intelligence in online customer textual reviews: Understanding consumer perceptions and influential factors ［J］. International Journal of Information Management, 2017, 37 （6）: 673-683.

［253］Xu X. , Li Y. The antecedents of customer satisfaction and dissatisfaction toward various types of hotels: A text mining approach ［J］. International Journal of Hospitality Management, 2016 （55）: 57-69.

［254］ Yang B. , Liu Y. , Liang Y. , et al. Exploiting user experience from online customer reviews for product design ［J］. International Journal of Information Management, 2019 （46）: 173-186.

［255］ Yang C. , Wu L. , Tan K. , et al. Online user review analysis for product evaluation and improvement ［J］. Journal of Theoretical and Applied Electronic Commerce Research, 2021, 16 （5）: 1598-1611.

［256］ Ye F. , Xia Q. , Zhang M. , et al. Harvesting online reviews to identify the competitor set in a service business: Evidence from the hotel industry ［J］. Journal of Service Research, 2022, 25 （2）: 301-327.

［257］ Ye Q. , Law R. , Gu B. The impact of online user reviews on hotel room sales ［J］. International Journal of Hospitality Management, 2009, 28 （1）: 180-182.

［258］ Ye Q. , Li H. , Wang Z. , et al. The influence of hotel price on perceived service quality and value in e-tourism: An empirical investigation based on online traveler reviews ［J］. Journal of Hospitality and Tourism Research, 2014, 38 （1）: 23-39.

［259］ Yip A. H. C. , Michalek J. J. , Whitefoot K. S. Implications of competitor representation for profit-maximizing design ［J］. Journal of Mechanical Design, 2022, 144 （1）: 011705.

［260］ Yonezawa K. , Richards T. J. Competitive package size decisions ［J］. Journal of Retailing, 2016, 92 （4）: 445-469.

［261］ Yoon, Janghyeok, Park, et al. Technology opportunity discovery (TOD) from existing technologies and products: A function-based TOD framework ［J］. Technological Forecasting and Social Change, 2015 （100）: 153-167.

［262］Yoon Y., Polpanumas C., Park Y. J. The impact of word of mouth via twitter on moviegoers' decisions and film revenues: Revisiting prospect theory: how WOM about movies drives loss-aversion and reference-dependence behaviors ［J］. Journal of Advertising Research, 2017, 57 (2): 144-158.

［263］Zhan Y., Tan K. H., Chung L., et al. Leveraging social media in new product development: Organisational learning processes, mechanisms and evidenc from China ［J］. International Journal of Operations and Production Management, 2020, 40 (5): 671-695.

［264］Zhang C., Xu Z., Gou X., et al. An online reviews-driven method for the prioritization of improvements in hotel services ［J］. Tourism Management, 2021 (87): 104382.

［265］Zhang J., Wang C., Chen G. A review selection method for finding an informative subset from online reviews ［J］. Informs Journal on Computing, 2020, 33 (1): 280-299.

［266］Zhang M., Zhao H., Chen H. A. How much is a picture worth? Online review picture background and its impact on purchase intention ［J］. Journal of Business Research, 2022 (139): 134-144.

［267］Zhang Z., Ye Q., Law R. Determinants of hotel room price: An exploration of travelers' hierarchy of accommodation needs ［J］. International Journal of Contemporary Hospitality Management, 2011, 23 (6-7): 972-981.

［268］Zhu F., Zhang X. M. Impact of online consumer reviews on sales: The moderating role of product and consumer characteristics ［J］. Journal of Marketing, 2010 (74): 133-148.

［269］Zhu Z., Wang S., Wang F., et al. Recommendation networks of homogeneous products on an E-commerce platform: Measurement and competition effects [J]. Expert Systems with Applications, 2022 (201): 117128.

[270] Zhuang M., Cui G., Peng L. Manufactured opinions: The effect of manipulating online product reviews [J]. Journal of Business Research, 2018 (87): 24-35.

[271] 卞亦文, 闫欣, 杨列勋. 社会学习视角下运营管理决策研究 [J]. 管理科学学报, 2019, 22 (5): 18-30.

[272] 程启月. 评测指标权重确定的结构熵权法 [J]. 系统工程理论与实践, 2010, 30 (7): 1225-1228.

[273] 高鸿铭, 刘洪伟, 詹明君, 等. 在线评论与产品介入对虚拟购物车选择决策的影响研究——基于顾客介入理论 [J]. 中国管理科学, 2021, 29 (6): 122-134.

[274] 高茹月, 王琦, 张晓航, 等. 多维评分系统下口碑离散度对顾客购买意愿的影响 [J]. 管理评论, 2020, 32 (6): 206-219.

[275] 龚诗阳, 李倩, 赵平, 等. 数字化时代的营销沟通: 网络广告、网络口碑与手机游戏销量 [J]. 南开管理评论, 2018, 21 (2): 15.

[276] 龚诗阳, 刘霞, 刘洋, 等. 网络口碑决定产品命运吗——对线上图书评论的实证分析 [J]. 南开管理评论, 2012 (4): 118-128.

[277] 郭凯红, 李文立. 权重信息未知情况下的多属性群决策方法及其拓展 [J]. 中国管理科学, 2011, 19 (5): 94-103.

[278] 范守祥, 姚俊萍, 李晓军, 等. 基于序列标注反馈模型的方面信息提取方法 [J]. 计算机工程与设计, 2020, 18 (2): 101-109.

[279] 冯坤, 杨强, 常馨怡, 等. 基于在线评论和随机占优准则的生鲜电商顾客满意度测评 [J]. 中国管理科学, 2021, 29 (2): 205-216.

[280] 韩晓彤，刘燕新，任智军，等. 基于专利挖掘的技术竞争对手研发方向识别 [J]. 科学学与科学技术管理，2018，39（2）：23-32.

[281] 韩亚楠，刘建伟，罗雄麟. 概率主题模型综述 [J]. 计算机学报，2021，44（6）：45-63.

[282] 胡志刚，王欣，李海波. 从商业智能到科研智能：智能化时代的科学学与科技管理 [J]. 科学学与科学技术管理，2021，42（1）：3-20.

[283] 黄立威，江碧涛，吕守业，等. 基于深度学习的推荐系统研究综述 [J]. 计算机学报，2018，41（7）：1619-1647.

[284] 栗春亮，朱艳辉，徐叶强. 中文产品评论中属性词抽取方法研究 [J]. 计算机工程，2011，37（12）：26-28.

[285] 李磊，宋建伟，刘继. 基于在线评论情感分析的声誉影响效应研究 [J]. 管理学报，2020，17（4）：583-596.

[286] 李良强，袁华，叶开，等. 基于在线评论词向量表征的产品属性提取 [J]. 系统工程，2018，33（5）：687-697.

[287] 李宗伟，张艳辉，夏伟伟. 卖家反馈能否引发高质量的在线评论信息？——基于淘宝网的实证分析 [J]. 中国管理科学，2021，29（5）：221-230.

[288] 林丽丽，马秀峰. 基于 LDA 模型的国内图书情报学研究主题发现及演化分析 [J]. 情报科学，2019，37（12）：87-92.

[289] 刘硕，王庚润，彭建华，等. 基于混合字词特征的中文短文本分类算法 [J]. 计算机科学，2022，49（4）：16-35.

[290] 刘通，张聪，吴鸣远. 在线评论中基于边界平均信息熵的产品特征提取算法 [J]. 系统工程理论与实践，2016，36（9）：8.

[291] 罗浩，陈仁. 比较优势，技术选择与自生能力——中国酒店业

"高增长低效益"之谜的新结构经济学解释［J］. 旅游学刊，2021，36（12）：13-26.

［292］马超，李纲，陈思菁，等. 基于多模态数据语义融合的旅游在线评论有用性识别研究［J］. 情报学报，2020，39（2）：199-207.

［293］缪亚林，姬怡纯，张顺，等. CNN-BiGRU 模型在中文短文本情感分析的应用［J］. 情报科学，2021，39（4）：107-119.

［294］欧阳红兵，黄亢，闫洪举. 基于 LSTM 神经网络的金融时间序列预测［J］. 中国管理科学，2020，28（4）：27-35.

［295］彭云，万常选，江腾蛟，等. 基于语义约束 LDA 的商品特征和情感词提取［J］. 软件学报，2017，28（3）：676-693.

［296］邱均平，文庭孝，周黎明. 汉语自动分词与内容分析法研究［J］. 情报学报，2005，24（3）：95-108.

［297］任智慧，徐浩煜，封松林，等. 基于 LSTM 网络的序列标注中文分词法［J］. 计算机应用研究，2017，34（5）：1321-1324.

［298］沈超，王安宁，陆效农，等. 基于在线评论的客户偏好趋势挖掘［J］. 系统工程学报，2021，36（3）：13.

［299］沈兰奔，武志昊，纪宇泽，等. 结合注意力机制与双向 LSTM 的中文事件检测方法［J］. 中文信息学报，2019，33（9）：79-87.

［300］史达、王乐乐、衣博文. 在线评论有用性的深度数据挖掘——基于 TripAdvisor 的酒店评论数据［J］. 南开管理评论，2020，23（5）：64-75.

［301］史敏，罗建，蔡丽君. 基于专利说明书语义分析的潜在竞争对手识别研究［J］. 情报学报，2020，39（11）：1171-1181.

［302］孙坚. 站在精度和温度之上——探索中国酒店业的未来发展之路［J］. 旅游学刊，2018，33（1）：9-11.

[303] 田歆，汪寿阳，鄂尔江，等．零售大数据与商业智能系统的设计，实现与应用 [J]．系统工程理论与实践，2017，37（5）：1282-1293.

[304] 唐振鹏，吴俊传，张婷婷，等．基于 EEMD-LSTM 的中国保险业系统性风险预警研究 [J]．管理评论，2022，34（9）：81-93.

[305] 王安宁，张强，彭张林，等．在线评论的行为影响与价值应用研究综述 [J]．中国管理科学，2021，29（12）：191-202.

[306] 王安宁，张强，彭张林，等．融合特征情感和产品参数的客户感知偏好模型 [J]．中国管理科学，2020，191（9）：203-212.

[307] 汪涛，于雪．在线评论信息的口碑溢出效应及其在品牌间的差异研究 [J]．外国经济与管理，2019，7（9）：125-136.

[308] 汪旭晖，王东明．市场服务还是企业规制：电商平台治理策略对顾客信任影响的跨文化研究 [J]．南开管理评论，2020，23（4）：60-72.

[309] 王洪伟，高松，陆颂．基于 LDA 和 SNA 的在线新闻热点识别研究 [J]．情报学报，2016（10）：1022-1037.

[310] 王楠，王莉雅，李瑶，等．同侪影响对用户贡献行为的作用研究——基于网络客观大数据的分析 [J]．科学学研究，2021，39（12）：11.

[311] 王晓，陈华友，刘兮．基于离差的区间二元语义多属性群决策方法 [J]．管理学报，2011，8（2）：301-305.

[312] 王星，陶明阳，侯磊，等．基于维基百科的冬奥会概念下的低频词条双语迭代扩展 [J]．中文信息学报，2021，35（2）：33-40，51.

[313] 魏伟，孟祥主，郭崇慧．考虑文本空间结构的单篇文本特征词排序方法 [J]．系统工程理论与实践，2020，40（5）：1293-1303.

[314] 魏宝祥，陆路正，王耀斌，等．三人可成虎？——旅游产品在线评论可信度研究 [J]．旅游学刊，2019，34（8）：78-86.

［315］肖琳，陈博理，黄鑫，等．基于标签语义注意力的多标签文本分类［J］．软件学报，2020，31（4）：1079-1088.

［316］谢光明，金大祥，胡培．基于产品销量的网络口碑离散对顾客购买行为的影响分析［J］．南开管理评论，2018，123（6）：55-68.

［317］席笑文，郭颖，宋欣娜，等．基于 word2vec 与 LDA 主题模型的技术相似性可视化研究［J］．情报学报，2021，40（9）：974-983.

［318］邢云菲，曹高辉，陶然．网络用户在线评论的主题图谱构建及可视化研究——以酒店用户评论为例［J］．情报科学，2021（9）：101-109.

［319］徐峰，张新，梁乙凯，等．信任构建机制对共享民宿预订量的影响——基于 Airbnb 的实证研究［J］．旅游学刊，2021，36（12）：13.

［320］徐杨，袁峰，林琪，等．基于混合人工免疫算法的流程挖掘事件日志融合方法［J］．软件学报，2018，29（2）：396-416.

［321］闫盛枫．融合词向量语义增强和 DTM 模型的公共政策文本时序建模与演化分析——以"大数据领域"为例［J］．情报科学，2021（9）：146-154.

［322］杨阳，刘恩博，顾春华，等．稀疏数据下结合词向量的短文本分类模型研究［J］．计算机应用研究，2022，39（3）：60-77.

［323］殷国鹏．顾客认为怎样的在线评论更有用？——社会性因素的影响效应［J］．管理世界，2012（12）：115-124.

［324］游浚，张晓瑜，杨丰瑞．在线评论有用性的影响因素研究——基于商品类型的调节效应［J］．软科学，2019（5）：140-144.

［325］袁靖波，周志民，周南，等．管制放松后的企业竞争行动、竞争对手分类与销售绩效［J］．管理世界，2019，35（6）：179-192.

［326］赵永庄．于"细微"处见广宇——谈酒店优质服务的主要特征

［J］. 旅游学刊，1993（5）：37-39.

　　［327］赵宇晴，阮平南，刘晓燕，等. 基于在线评论的用户满意度评价研究［J］. 管理评论，2020，32（3）：179-189.

　　［328］张洁梅，孔维铮. 网络负面口碑对顾客冲动性购买意愿的影响——负面情绪的中介作用［J］. 管理评论，2021，33（6）：144-156.

　　［329］张志坚，王鹏，郭军华，等. 基于在线评论服务策略的电商供应链决策［J］. 系统工程学报，2021，36（2）：34-51.

　　［330］钟桂凤，庞雄文，隋栋. 基于 Word2Vec 和改进注意力机制 AlexNet-2 的文本分类方法［J］. 计算机科学，2022，49（4）：106-124.

　　［331］周清清，章成志. 在线用户评论细粒度属性抽取［J］. 情报学报，2017，36（5）：484-493.

　　［332］张文，王强，杜宇航，等. 在线商品评论有用性主题分析及预测研究［J］. 系统工程理论与实践，2022，42（10）：2757-2768.

附录1 "十四五"文化和旅游发展规划（全文）[①]

为贯彻落实《中华人民共和国国民经济和社会发展第十四个五年规划和2035年远景目标纲要》和国家"十四五"文化改革发展规划，加快推进文化和旅游发展，建设社会主义文化强国，编制本规划。

序　言

"十三五"以来，在以习近平同志为核心的党中央坚强领导下，在各级党委政府重视支持和社会各界的共同努力下，我国文化和旅游发展稳中有进、繁荣向好。文化引领风尚、教育人民、服务社会、推动发展的作用充分发挥，旅游对于国民经济和社会发展的综合带动功能更加突显，文化和旅游发展为全面建成小康社会提供了强有力的支撑。"十三五"时期，文艺创作繁荣发

[①]　全文摘自中华人民共和国中央人民政府网站，删掉目录后对体例进行了修改。

展，公共文化服务效能不断提升，文物保护利用全面推进，非物质文化遗产保护传承卓有成效，文化产业和旅游业健康快速发展，文化和旅游产品更加优质丰富，中华文化走出去的广度和深度不断拓展，中华文化影响力不断扩大。文化和旅游加快融合、相互促进，发展基础更加稳固，动力活力日益迸发，体制机制不断健全，优势作用逐步显现。文化事业、文化产业和旅游业成为满足人民美好生活需要、推动高质量发展的重要支撑，在党和国家工作全局中的地位和作用愈加突出。

"十四五"时期是我国全面建成小康社会、实现第一个百年奋斗目标之后，乘势而上开启全面建设社会主义现代化国家新征程、向第二个百年奋斗目标进军的第一个五年，也是社会主义文化强国建设的关键时期。我国文化和旅游发展仍然处于重要战略机遇期，但机遇和挑战都有新的发展变化。从国际看，当今世界正处于百年未有之大变局。人类命运共同体理念深入人心，同时国际环境日趋复杂，不稳定性不确定性明显增加。文化和旅游既要在展示国家形象、促进对外交往、增进合作共赢等方面发挥作用，也要注意防范逆全球化影响以及新冠肺炎疫情带来的风险。从国内看，发展面临着一系列新特征新要求，必须准确把握新发展阶段，深入贯彻新发展理念，加快构建新发展格局。推动高质量发展，需要加快转变文化和旅游发展方式，促进提档升级、提质增效，更好实现文化赋能、旅游带动，实现发展质量、结构、规模、速度、效益、安全相统一。构建新发展格局，文化和旅游既是拉动内需、繁荣市场、扩大就业、畅通国内大循环的重要内容，也是促进国内国际双循环的重要桥梁和纽带，需要用好国内国际两个市场、两种资源。满足人民日益增长的美好生活需要，需要顺应数字化、网络化、智能化发展趋势，提供更多优秀文艺作品、优秀文化产品和优质旅游产品，强化价值引领，改善民生福祉。战胜前进道路上各种风险挑战，文化是力量源泉，能够凝魂聚气、培根铸魂，为全体人民奋进新时代、实现中华民族伟大复兴的中国梦提供强大精神动力。同时也要清醒地认识到，文化事业、文化产业和旅游业发展不平衡、不充分的矛盾还比较突出，城乡差距、区域差距依然存在，文化和旅游产品的供给和需求不完全匹配，与高质量发展要求存在一定差距，突发公共事件等也将给文化和旅游发展带来不确定性。

综合判断，"十四五"时期文化和旅游发展面临重大机遇，也面临诸多挑战，需要我们胸怀中华民族伟大复兴战略全局和世界百年未有之大变局，深刻把握我国社会主要矛盾变化，立足社会主义初级阶段基本国情，准确识变、科学应变、主动求变，在危机中育先机、于变局中开新局，以创新发展催生新动能，以深化改革激发新活力，奋力开创文化和旅游发展新局面。

一、总体要求

（一）指导思想

高举中国特色社会主义伟大旗帜，深入贯彻党的十九大和十九届二中、三中、四中、五中全会精神，坚持以马克思列宁主义、毛泽东思想、邓小平理论、"三个代表"重要思想、科学发展观、习近平新时代中国特色社会主义思想为指导，全面贯彻党的基本理论、基本路线、基本方略，紧紧围绕经济建设、政治建设、文化建设、社会建设和生态文明建设的总体布局和全面建设社会主义现代化国家、全面深化改革、全面依法治国、全面从严治党的战略布局，立足新发展阶段、贯彻新发展理念、构建新发展格局，紧紧围绕举旗帜、聚民心、育新人、兴文化、展形象的使命任务，坚定文化自信，增强文化自觉，坚持稳中求进工作总基调，以推动文化和旅游高质量发展为主题，以深化供给侧结构性改革为主线，以改革创新为根本动力，以满足人民日益增长的美好生活需要为根本目的，统筹发展和安全，大力实施社会文明促进和提升工程，着力建设新时代艺术创作体系、文化遗产保护传承利用体系、现代公共文化服务体系、现代文化产业体系、现代旅游业体系、现代文化和旅游市场体系、对外和对港澳台文化交流和旅游推广体系，推进文化铸魂、发挥文化赋能作用，推进旅游为民、发挥旅游带动作用，推进文旅融合、努力实现创新发展，为提高国家文化软实力、建设社会主义文化强国作出积极贡献。

（二）基本原则

坚持正确方向。坚持党对文化和旅游工作的全面领导，牢牢把握社会主义先进文化前进方向，以社会主义核心价值观为引领，固本培元，守正创新，坚持把社会效益放在首位、实现社会效益和经济效益相统一。

坚持以人民为中心。尊重人民群众主体地位，提高人民群众文化参与程度，激发人民群众文化创新创造活力，促进满足人民文化需求和增强人民精神力量相统一，让人民享有更加充实、更为丰富、更高质量的精神文化生活，不断实现人民对美好生活的向往。

坚持创新驱动。突出创新的核心地位，把创新作为引领发展的第一动力，全面推进模式创新、业态创新、产品创新，大力发挥科技创新对文化和旅游发展的赋能作用，全面塑造文化和旅游发展新优势。

坚持深化改革开放。紧扣新发展阶段、新发展理念、新发展格局，紧盯解决突出问题，推进文化和旅游领域深层次改革，加强改革系统集成，发挥改革整体效应，推进文化和旅游领域高水平对外开放，加强中外文明交流互鉴。

坚持融合发展。以文塑旅、以旅彰文，完善文化和旅游融合发展的体制机制，推动文化和旅游更广范围、更深层次、更高水平融合发展，积极推进文化和旅游与其他领域融合互促，不断提高发展质量和综合效益。

（三）发展目标

到 2025 年，我国社会主义文化强国建设取得重大进展。文化事业、文化产业和旅游业高质量发展的体制机制更加完善，治理效能显著提升，人民精神文化生活日益丰富，中华文化影响力进一步提升，中华民族凝聚力进一步增强，文化铸魂、文化赋能和旅游为民、旅游带动作用全面凸显，文化事业、文化产业和旅游业成为经济社会发展和综合国力竞争的强大动力和重要支撑。

社会文明促进和提升工程成效显著，社会主义核心价值观深入人心，中华优秀传统文化、革命文化、社会主义先进文化广为弘扬，国民素质和社会文明程度不断提高。

新时代艺术创作体系建立健全，社会主义文艺繁荣发展，推出一批讴歌新时代、反映新成就、代表国家文化形象的优秀舞台艺术作品和美术作品。

文化遗产保护传承利用体系不断完善，文物、非物质文化遗产和古籍实现系统性保护，文化遗产传承利用水平不断提高，全国重点文物保护单位"四有"工作完成率达到 100%，建设 30 个国家级文化生态保护区和 20 个国家级非物质文化遗产馆。

公共文化服务体系更加健全，基本公共文化服务标准化均等化水平显著提高，服务效能进一步提升，全国各类文化设施数量（公共图书馆、文化馆站、美术馆、博物馆、艺术演出场所）达到 7.7 万，文化设施年服务人次达到 48 亿。

文化产业体系更加健全，文化产业结构布局不断优化，文化及相关产业增加值占 GDP 比重不断提高，文化产业对国民经济增长的支撑和带动作用得到充分发挥。

旅游业体系更加健全，旅游业对国民经济综合贡献度不断提高，大众旅游深入发展，旅游及相关产业增加值占 GDP 比重不断提高，国内旅游和入境旅游人次稳步增长，出境旅游健康规范发展。

文化和旅游市场体系日益完备，文化和旅游市场繁荣有序，市场在文化和旅游资源配置中的作用得到更好发挥，市场监管能力不断提升。

对外和对港澳台文化交流和旅游推广体系更加成熟，中华文化走出去步伐加快，培育形成一批文化交流和旅游推广品牌项目，海外中国文化中心总数达到 55 个。

展望 2035 年，我国建成社会主义文化强国，国民素质和社会文明程度达到新高度，国家文化软实力显著增强。文化事业更加繁荣，文化产业和旅游业的整体实力和竞争力大幅提升，优秀文艺作品、优秀文化产品和优质旅游产品充分满足人民群众美好生活需要，文化和旅游发展为实现人的全面发展、全体人民共同富裕提供坚强有力保障。

二、实施社会文明促进和提升工程

以社会主义核心价值观引领文化和旅游工作，丰富人民精神世界，增强人民精神力量，推动形成适应新时代要求的思想观念、精神面貌、文明风尚、行为规范。

（一）弘扬社会主义核心价值观

把社会主义核心价值观融入文艺作品创作、文化产品和旅游产品供给全过程，强化教育引导、文化熏陶、宣传展示、制度保障，弘扬主旋律，壮大正能量。加强党史、新中国史、改革开放史、社会主义发展史"四史"教育。弘扬以爱国主义为核心的民族精神和以改革创新为核心的时代精神，增强全体人民的国家意识、法治意识、社会责任意识、生态文明意识等。推动中华优秀传统文化创造性转化创新性发展，使其成为涵养社会主义核心价值观的重要源泉。弘扬革命传统和革命文化，继承革命精神。发展社会主义先进文化,展示新时代伟大成就。

(二)加强对中华文明的发掘研究和阐释

深入研究中华文明、中华文化的起源和特质,形成较为完整的中国文化基因的理念体系。实施中华文明探源等工程,加强体现中国文化基因的非遗项目保护,开展黄河文化、长江文化研究,实证中华文明发展脉络,铸牢中华民族共同体意识。研究好、解读好、阐释好中华文化,树立和突出各民族共享的中华文化符号和中华民族形象,用好用足文化、文物、旅游资源,梳理精神谱系,延续历史文脉,弘扬时代价值。

(三)提高人民群众文明素养和审美水平

活跃社会文化生活,为人民群众提供健康丰富的精神食粮。开展惠民演出、高雅艺术进校园等活动,把送文化和种文化结合起来,实现文化扶志、扶智。加强全民艺术普及,开展艺术展演,普及艺术知识,加强艺术培训,广泛开展群众性文化活动,提高人民群众的艺术修养和审美水平。开展社会艺术水平考级公益行动。大力推进文明旅游,引导游客和旅游从业人员成为中华文明的实践者和传播者。

(四)促进移风易俗

积极倡导科学、文明、健康的生活方式,引导群众自觉破除陈规陋习。发挥文化的教化功能,通过文艺作品、文化体验、公共服务等,培育文明新风,面向城乡基层扎实推进新时代文明实践。健全文化和旅游志愿服务体系,发扬志愿精神。弘扬诚信文化,推进诚信建设。

三、构建新时代艺术创作体系

坚持思想精深、艺术精湛、制作精良相统一,聚焦中国梦时代主题,加强现实题材创作生产,实施文艺作品质量提升工程,不断完善艺术作品的创作生产、演出演播、评价推广机制，推出反映时代新气象、讴歌人民新创造的文艺精品。

（一）加强对艺术创作的引导

牢牢把握意识形态工作主导权主动权，把好文艺创作导向关。把创作优秀作品作为中心任务，围绕中国共产党成立 100 周年、党的二十大、北京冬奥会、新中国成立 75 周年等重要节点和国家重大战略，围绕党史、新中国史、改革开放史、社会主义发展史等领域统筹创作规划，合理集聚和配置资源，扶持重大现实题材、革命题材、历史题材创作，推出一批新时代精品力作。健全把社会效益放在首位、社会效益和经济效益相统一的文化创作生产体制机制，大力推进文艺创新，推动形成健康清朗的文艺生态。

（二）大力培育精品力作

坚持以人民为中心的创作导向，常态化推进"深入生活、扎根人民"。把提高质量作为文艺作品的生命线，不断提高文艺原创能力。统筹各地区、各艺术门类平衡发展，兼顾舞台艺术与美术创作、新创作品与复排作品、大型作品与小型作品。加强戏曲保护传承，推动实现薪火相传。建立健全扶持优秀剧本创作的长效机制，加强对剧本、编导、作曲等原创性基础性环节和优秀创作人才的资助。鼓励文艺创作的题材、体裁、内容、形式创新，引导新兴文艺类型健康发展，推动文艺工作者的创新精神、创造活力充分涌流。完善国家艺术基金资助机制，统筹使用各类艺术创作资金，推动文艺作品量质齐升。

（三）提高文艺团体发展能力

深化国有文艺院团改革，以演出为中心环节，激发国有文艺院团生机活力。探索开展文艺院团评估定级，建设一批重点文艺院团，实现院团创演质量、管理水平、服务效能提升。树立文艺院团改革发展典型，加强示范引领。

完善院团剧目生产表演的有效机制。优化剧场供应机制，促进国有文艺院团与剧场深度合作，支持团场合作、以团带场或以场带团。加强对民营文艺表演团体的支持、规范、引领，加快推动民营文艺表演团体高质量发展。推进美术馆、画院专业建设和行业管理，提升美术馆建设水平和画院创作研究能力。

（四）推动优秀作品演出演播

发挥重大艺术活动的引导作用，办好中国艺术节、全国舞台艺术优秀剧目展演等。鼓励文艺院团建立优秀保留剧目轮换上演机制，支持优秀文艺作品多演出。开展"我们的中国梦"——文化进万家和"文化迎春、艺术为民"等活动。开展服务基层公益性演出，不断完善低票价、剧场开放日等举措。推动线上演播与线下演出相结合，多渠道展示推广优秀文艺作品，促进舞台艺术业态创新、升级换代。

（五）加强文艺评论

加强文艺评论阵地建设和理论研究，健全文艺评论工作体系，搭建有影响力的文艺评论平台。结合重大展演、重点作品开展评论，把群众评价、专家评价和市场检验统一起来，营造风清气正的评论氛围。发挥全国性文艺评奖的导向作用，改进文艺评奖机制，深化全国性文艺评奖制度改革。加强新时代文艺理论研究，推进艺术学学科体系、学术体系、话语体系建设。

专栏1 文艺作品质量提升

文艺精品创作：实施国家重大题材创作引导工程、国家主题性美术创作项目等，定期发布一批推荐优秀保留剧目，扶持主题文艺作品和剧本创作，扶持小型戏剧、音乐、舞蹈、曲艺、杂技、木偶、皮影等发展，扶持西部及少数民族地区艺术创作。

戏曲传承振兴：扶持代表性戏曲院团和传统戏曲传承发展，改善濒危剧种生存发展状况，实施濒危剧种公益性演出项目。每年录制 50 部左右戏曲"像音像"作品，编辑出版中国戏曲剧种全集。持续推进戏曲进校园、戏曲进乡村。

国家美术发展和收藏：扶持国家主题性美术专项收藏，鼓励捐赠性收藏，加强藏品保护、修复、研究和推广利用，提升国有美术馆藏品资源管理水平，推动美术馆数字化建设，完善国家级美术展览体系。

新时代文艺领军人才培养：培训与实践相结合，举办各类文艺人才培训班，培养选拔一批创作、表演、管理、评论等方面的领军人才。

名家传艺暨青年文艺人才大比武：以"结对传艺、比武竞艺"为重要途径，发挥老艺术家传帮带的作用，加强青年文艺骨干培养培训和宣传展示。

四、完善文化遗产保护传承利用体系

坚持把保护放在首位，推进文化遗产资源调查和系统性保护，在保护中发展、在发展中保护，发挥文化遗产在传承中华文化、铸牢中华民族共同体意识方面的重要作用，使文化遗产保护成果更多惠及人民群众。

（一）完善文化遗产资源管理

实施中华文化资源普查工程，加强普查成果梳理认定和保存利用。建立文物资源管理制度，建设国家文物资源大数据库，统筹指导相关领域文物资源普查与信息公布。健全不可移动文物资源管理机制，完善文物保护单位的"四有"工作，强化不可移动文物保护管理措施，加大日常监测、保养维护等预防性保护力度。完善可移动文物资源管理机制，进一步规范国有博物馆藏品征集管理，健全国有馆藏一级文物备案动态管理机制，开展非国有博物馆藏品登记，推动文博机构文物资源开放。加强革命文物资源调查管理，推

进馆藏革命文物认定、定级、建账、建档，建设革命文物专题数据库。加大民间收藏文物和流失海外文物资源调查力度，完善考古发掘文物、涉案文物移交制度。完善非物质文化遗产调查记录体系，加强档案数字化建设，推进非遗资源数据的共享利用。研究启动第二次全国非遗资源普查，开展黄河流域、大运河沿线非遗专项调查。实施非物质文化遗产记录工程。开展边疆地区特别是跨境民族非物质文化遗产摸底调查，推动与周边国家开展联合保护行动。

（二）加强考古发掘和文物保护利用

全面加强考古发掘研究，做好考古成果的挖掘整理工作，深入阐释文物蕴含的中华文化精神和时代价值，努力建设中国特色、中国风格、中国气派的考古学。健全不可移动文物保护机制，把文物保护管理纳入国土空间规划编制和实施。完善基本建设工程考古制度。加强石窟寺保护，推进大遗址保护利用。运用现代科技手段，对各级文物保护单位本体及环境实施严格保护和管控，改善尚未核定公布为文物保护单位的不可移动文物保护状况，加大文物保护修缮力度和安防消防能力提升，确保文物安全。保护好、管理好、运用好革命文物，加大工作力度，建设革命文物保护利用片区，实施一批革命旧址保护修缮重大工程和馆藏革命文物保护修复重点项目。健全世界文化遗产申报和保护管理制度，加大历史文化名城名镇名村保护力度，加强传统村落、农业遗产、工业遗产保护。加强水下文物保护，推进南海及沿海重点水域水下文物调查和考古发掘保护，推进海上丝绸之路文物保护利用。完善新近考古文物入藏博物馆体制机制，加强馆藏文物保护修复和展示利用。健全文物安全长效机制，提高防护能力，加强执法督察，严厉打击文物犯罪。加强文物展示利用，发挥博物馆社会教育功能。活化利用文物资源，推进文物合理利用。建设国家考古遗址公园、国家文物保护利用示范区。推动文化遗产保护利用技术研发和集成应用，加强文物科技创新和人才培养。

（三）提高非物质文化遗产保护传承水平

强化非物质文化遗产系统性保护，培养好传承人，一代代接下来、传下去。完善代表性项目制度，加强项目存续状况评估，夯实保护单位责任，积极做好联合国教科文组织非物质文化遗产名录（名册）项目申报和履约工作。加强各民族优秀传统手工艺保护和传承，建设传统工艺工作站和国家级非物质文化遗产生产性保护示范基地。加强分类保护，实施中国传统工艺振兴计划和曲艺传承发展计划，制定传统医药类非遗传承发展计划。完善代表性传承人制度，加大扶持力度，加强评估和动态管理，探索认定非遗代表性传承团体，加强青年传承人培养。实施中国非物质文化遗产传承人研培计划，提升传承人技能艺能，命名一批国家非物质文化遗产传承教育实践基地。完善区域性整体保护制度，推进文化生态保护区建设。建设非物质文化遗产特色村镇、街区，全面推进"非遗在社区"工作。建设集传承、体验、教育、培训、旅游等功能于一体的传承体验设施体系。加强国家非遗专业研究力量，建设一批非物质文化遗产研究基地。结合国家重大战略加强非物质文化遗产保护传承，建立区域保护协同机制。加大非物质文化遗产传播普及力度，开展宣传展示交流等活动。推出一批具有鲜明非物质文化遗产特色的主题旅游线路、研学旅游产品。

（四）加强古籍保护研究利用

统筹推进古籍普查登记、保护修复、数字化建设、整理出版和宣传推广等工作。开展《永乐大典》、敦煌文献以及黄河、长江、大运河流域等相关古籍的保护修复和整理出版。加强古籍分级分类保护，完善珍贵古籍名录和古籍重点保护单位评选制度。实施珍贵濒危古籍抢救保护项目，筹建国家纸质文献修复中心。实施中华经典传习计划。将古籍纳入馆藏文物保护管理体系，加大古籍的科技保护力度，实施预防性保护和抢救性修复项目。推进珍贵古籍缩微复制和数字化工作。实施中华古籍保护计划、革命文献与民国时期文献保护计划。开展古籍推广活动，加强古籍创意产品开发。健全古籍保护人才队伍。依托全国各级图书馆、博物馆开展珍贵典籍展示利用。

专栏2 文化遗产系统保护

中华文明探源和"考古中国"：开展系统考古调查、发掘和研究，实施中国境内人类起源、文明起源、统一多民族国家建立和发展等关键领域考古项目，建设20个国家重点区域考古标本库房。深化中华文明探源研究，实施中华文明起源与早期发展综合研究。

石窟寺保护利用：建立健全中国石窟寺考古学研究体系，开展考古调查、价值阐释、艺术研究和成果普及。开展全国石窟寺专项调查，分级实施石窟寺抢救性保护工程，推进石窟寺科技保护，规范石窟寺旅游开发活动。

黄河文化遗产廊道建设：以黄河干流的流经县区为主要范围，以人类起源、文明历程、生产生活、水利遗产、水陆交通、艺术荟萃、民族融合、人文景观、革命传统等主题为主要内容，多层次呈现黄河文化遗产资源的丰富内涵，加强安阳殷墟、汉长安城、隋唐洛阳城和重要石窟寺等遗址保护。

国家考古遗址公园建设：开展江西汉代海昏侯国、河南仰韶村、良渚古城、石峁、陶寺、二里头、三星堆、曲阜鲁国故城等一批国家考古遗址公园建设。

文物平安：推进全国文物安全监管平台建设，健全文物安全防范体系，增强文物保护单位、博物馆安全防护能力，加强市县文物机构安全防护设施建设，推广新技术手段应用。

文物保护科技创新：研发文物资源整体性保护、重点文物安全风险监测与防范、文物病害无损微损检测和诊断等关键技术和系统解决方案，研究出土文物和遗址价值认知、研究阐释和展示传播技术。

革命文物保护利用：实施革命旧址保护修缮、馆藏革命文物保护修复，加强革命文物集中连片保护利用和百年党史文物保护展示，提升重大事件遗迹、重要会议遗迹、重要机构旧址、重要人物旧居保护展示水平。

文物活化：通过多种形式活化文物资源、展现文物价值。提高文物资源数字化保护、展示和利用水平。开展"互联网＋中华文明"行动，实施中华文物全媒体传播计划。

非物质文化遗产传承体验设施建设：建设 20 个国家级非物质文化遗产馆，鼓励有条件的地方建设综合性非物质文化遗产馆及必要的配套设施，形成包括非遗馆、传承体验中心（所、点）等在内的传承体验设施体系。

国家级文化生态保护（实验）区建设：建设 30 个国家级文化生态保护区，开展国家级文化生态保护（实验）区建设评估。

边境地区非物质文化遗产保护：梳理与周边国家跨境共享的非遗项目清单，加强重点项目保护，支持边境地区设立各级文化生态保护区，建设非遗传承体验设施，加强非遗项目展示和交流。

传统工艺高质量发展：在传统工艺项目集中的地区建设传统工艺工作站。建设国家级非物质文化遗产生产性保护示范基地，培育有民族特色的传统工艺知名品牌。

非物质文化遗产传播：在传统节日、文化和自然遗产日期间组织非遗宣传展示活动，举办春节、元宵节系列文化活动。办好中国非物质文化遗产博览会、中国成都国际非物质文化遗产节、中国原生民歌节等。

中华古籍保护：揭示《全国古籍普查登记目录》《中华古籍总目》（分省卷）等普查成果，开展珍贵古籍修复项目。实施中华传统文化百部经典编纂项目，筹建《永乐大典》研究中心。

五、健全现代公共文化服务体系

坚持政府主导、社会参与、重心下移、共建共享，优化城乡文化资源配置，统筹加强公共文化设施软硬件建设，创新实施文化惠民工程，不断完善覆盖城乡、便捷高效、保基本、促公平的现代公共文化服务体系，提高公共文化服务的覆盖面和实效性。

（一）健全基层公共文化设施网络

坚持补短板、强弱项，推动尚未达标的公共图书馆和文化馆（站）达到国家建设标准。加强乡镇综合文化站管理，与新时代文明实践中心建设相衔接，加强资源统筹和共建共享，推动基层综合性文化服务中心拓展服务功能。深入推进县级图书馆文化馆总分馆制建设，推动优质公共文化服务向基层延伸。结合老旧小区和厂房改造等，创新打造一批"小而美"的城市书房、文化驿站、文化礼堂、文化广场等城乡新型公共文化空间。发展城乡流动文化服务，推进流动服务常态化。

（二）促进公共文化服务提质增效

落实国家基本公共服务标准，加强基本公共文化服务标准化建设。提升公共文化设施免费开放水平，鼓励实行错时、延时服务。精准对接人民群众文化需求，推动建立订单式、菜单式公共文化产品和服务平台。广泛开展全民阅读和全民艺术普及活动。推动公共文化服务融入城乡居民日常生活，面向不同群体开展差异化的公共文化服务，充分保障未成年人、老年人、残疾人和流动人口等特殊群体的文化权益。推进国家公共文化服务体系示范区创新发展。推动公共文化服务与旅游、教育融合发展。完善公共文化服务效能评价机制。

（三）广泛开展群众文化活动

健全支持开展群众性文化活动机制，拓展群众文化参与程度。发挥"群星奖"示范作用，推出优秀群众文艺作品。利用春节等传统节日，融入时代精神和人文内涵，创新开展"村晚"等文化活动。加强"中国民间文化艺术之乡"建设。引导各类文化服务向基层倾斜，组织开展艺术家、志愿者服务基层等活动，加大对农村地区、偏远地区群众文化活动的支持力度。支持群众文艺团体发展，引导群众自我表现、自我服务。

（四）加快公共数字文化建设

推广"互联网+公共文化"，推动数字文化工程转型升级、资源整合，统筹推进智慧图书馆、公共文化云服务体系建设。丰富公共数字文化资源，推动将相关文化资源纳入国家文化大数据体系。优化国家公共文化云服务平台，广泛开展数字化网络化服务。大力发展云展览、云阅读、云视听，推动公共文化服务走上"云端"、进入"指尖"。加强公共文化机构和数字文化企业的对接合作，拓宽数字文化服务应用场景和传播渠道。

（五）推动公共文化服务社会化发展

深入推进政府购买公共文化服务，鼓励第三方参与公共文化设施运营、活动项目打造和服务资源配送等。举办全国或区域性公共文化产品和服务采购大会，搭建供需对接平台。支持社会力量通过兴办实体、资助项目、赞助活动等方式，参与提供公共文化服务。培育一批具有较高服务水平的文化类社会组织。实施"春雨工程""阳光工程""圆梦工程"，形成一批文化和旅游志愿服务品牌。

专栏3　公共文化设施提升和服务拓展

国家级文化设施建设：推进国家美术馆、中国工艺美术馆（暂定名）、故宫博物院北院区、国家图书馆国家文献战略储备库建设和中央芭蕾舞团业务用房扩建，实施中国交响乐团团址重建、中国艺术研究院改扩建，推进中国歌剧舞剧院新剧场及配套设施、中国民族音乐传承中心、中国煤矿文工团剧场、北平图书馆旧址修缮、国博智慧苑建设，形成较完备的国家级文化设施网络。

基层公共文化设施建设：按照国家颁布的《公共图书馆建设标准》和《文化馆建设标准》，推动对全国未达标的县级公共图书馆、文化馆进行新建或改扩建。在有条件的乡镇建设公共图书馆和文化馆分馆。鼓励社会力量参与建设新型公共文化空间。

博物馆纪念馆建设：培育一批世界一流博物馆，建设一批国家级特色博物馆和行业博物馆，实施卓越博物馆发展计划、中小博物馆帮扶计划。支持一批博物馆纪念馆新建、扩建、功能提升。

全国智慧图书馆体系建设：以全国智慧图书馆体系建设为核心，搭建一套支撑智慧图书馆运行的云基础设施，形成国家层面知识内容集成仓储，建设和运行智慧图书馆管理系统，在全国各级图书馆及其基层服务网点普遍建立实体智慧服务空间。

公共文化云建设：以国家公共文化云为依托，联合地方文化云，以移动互联网为主要渠道，打造覆盖全国的全民艺术普及公共服务总平台、全民艺术普及资源总库、全民艺术普及文创中心、公共文化和旅游产品交易中心。

群众性文化活动扶持：开展"群星奖"评奖，推动优秀群众文艺作品创作展示。开展戏曲进乡村，每年为脱贫县乡镇配送6场地方戏演出。组织全国广场舞、乡村"村晚"和"大家唱"合唱节等活动。举办全国文化和旅游志愿服务项目大赛。

基层文化和旅游公共服务队伍培训：采取示范性培训等方式，为地方培养基层文化和旅游公共服务管理者、重点师资和业务骨干，提供面向基层的在线学习服务。

六、健全现代文化产业体系

坚持把社会效益放在首位、实现社会效益和经济效益相统一，完善文化产业规划和政策，扩大优质文化产品供给，实施文化产业数字化战略，加快发展新型文化企业、文化业态、文化消费模式，不断健全结构合理、门类齐全、科技含量高、富有创意、竞争力强的现代文化产业体系。

（一）推动文化产业结构优化升级

顺应数字产业化和产业数字化发展趋势，推动新一代信息技术在文化创作、生产、传播、消费等各环节的应用，推进"上云用数赋智"，加强创新链和产业链对接。推动数字文化产业加快发展，发展数字创意、数字娱乐、网络视听、线上演播、数字艺术展示、沉浸式体验等新业态，丰富个性化、定制化、品质化的数字文化产品供给。改造提升演艺、娱乐、工艺美术等传统文化业态，推进动漫产业提质升级。提高创意设计发展水平，促进创意设计与实体经济、现代生产生活、消费需求对接。推进文化与信息、工业、农业、体育、健康等产业融合发展，提高相关产业的文化内涵和附加值。推动演艺产业上线上云，巩固线上演播商业模式。推动上网服务、歌舞娱乐、游艺娱乐等行业全面转型升级，引导发展新业态、新模式，提升服务质量，拓展服务人群。实施创客行动，激发创新创业活力。实施文化品牌战略，打造一批有影响力、代表性的文化品牌。

（二）推进区域城乡文化产业协调发展

加强区域间、城乡间文化产业发展的统筹协调，鼓励各地发挥比较优势，推动形成优势互补、联动发展格局。围绕国家重大战略，发展京津冀、粤港澳大湾区、长三角、成渝双城等文化产业群和黄河、长江、大运河等文化产业带。加强国家文化产业创新实验区、国家级文化产业示范园区（基地）的规划建设和管理，引导区域间文化产业园区结对帮扶，辐射带动区域文化产业发展。推动文化产业发展融入新型城镇化建设，大力发展乡村特色文化产业。统筹发达地区和欠发达地区文化产业发展，鼓励区域间开展多种形式的文化产业合作。

（三）扩大和引导文化消费

健全扩大文化消费的有效制度，尊重群众消费选择权，加强需求侧管理。完善消费设施，改善消费环境，不断提升文化消费水平。培育新型消费、信息消费、定制消费等，培育消费增长点。推进国家文化和旅游消费示范城市建设，推动试点城市建设成为示范城市、区域文化和旅游消费中心城市。大力发展夜间经济，推进国家级夜间文化和旅游消费集聚区建设。把文化消费嵌入各类消费场所，建设集合多种业态的消费集聚地。鼓励各地制定促消费优惠政策，举办消费季、消费月等活动。

（四）深化文化产业国际合作

积极发展对外文化贸易，开拓海外文化市场。健全政府间文化产业政策沟通和对话机制。实施文化产业和旅游产业国际合作三年行动计划。推动建立产业国际合作联盟，推进国家对外文化贸易基地建设，支持企业以"中国展区"形式参加重点国际文化产业展会。加大数字文化产业国际标准的宣传推广和应用力度，培育国际合作和竞争新优势。

专栏4　文化产业培育和消费促进

文化新型业态培育：促进优秀文化资源数字化，培育30个旅游演艺精品项目、100个线上演播项目、100个沉浸式体验项目、100个数字艺术体验场景。

数字文化产业标准建设：加强手机（移动终端）动漫国际标准和数字艺术显示国际标准应用推广。深入推进数字文化产业标准群建设。

文化产业赋能乡村振兴计划：以重点产业项目为载体，引导文化产业机构和工作者深入乡村对接帮扶和投资兴业，促进群众就业增收。

国家级文化产业示范园区（基地）提升：加强国家级文化产业示范园区（基地）规划建设和管理，进一步发挥引领示范和辐射带动作用，国家级文化产业示范园区达到50家，国家文化产业示范基地达到500个。

文化产业展会提升：办好中国（深圳）国际文化产业博览交易会、中国旅游产业博览会、中国（武汉）文化旅游博览会、中国西部文化产业博览会、中国义乌文化和旅游产品交易博览会、中国国际网络文化博览会、中国国际动漫游戏博览会、中国-东盟博览会文化旅游展等。

文化和旅游消费促进：国家文化和旅游消费示范城市达到30个，建设60个区域文化和旅游消费中心城市，加强指导支持和动态管理。建设200个以上国家级夜间文化和旅游消费集聚区，扩大夜间消费规模。

文化产业投融资促进：推进国家文化与金融合作示范区提质扩容，国家文化与金融合作示范区达到10个。推广文化和旅游金融服务中心模式，文化和旅游金融服务中心达到20个。

文化产业和旅游产业国际合作：征集遴选150个"一带一路"文化产业和旅游产业国际合作重点项目，对入选项目给予投融资、宣传推介、人员培训等支持和服务。

七、完善现代旅游业体系

深化旅游业供给侧结构性改革，深入推进大众旅游、智慧旅游和"旅游+""+旅游"，提供更多优质旅游产品和服务，加强区域旅游品牌和服务整合，完善综合效益高、带动能力强的现代旅游业体系，努力实现旅游业高质量发展。

（一）深入推进大众旅游

坚持标准化和个性化相统一，供给侧和需求侧协同发力，更好满足人民群众特色化、多层次旅游需求。优化旅游消费环境、拓展旅游消费领域。推出更多定制化旅游产品、旅游线路，开发体验性强、互动性强的旅游项目，增加旅游惠民措施，加大旅游公共服务力度。推动完善国民休闲和带薪休假等制度。引导各地制定实施门票优惠补贴等政策。加强宣传教育，引导游客文明、安全、理性、绿色出行。聚焦旅游目的地建设，创新全域旅游协调发展机制，提升全域旅游示范区发展质量。发展夜间旅游和假日经济，拓展旅游时空范围。

（二）积极发展智慧旅游

加强旅游信息基础设施建设，深化"互联网+旅游"，加快推进以数字化、网络化、智能化为特征的智慧旅游发展。加强智慧旅游相关标准建设，打造一批智慧旅游目的地，培育一批智慧旅游创新企业和示范项目。推进预约、错峰、限量常态化，建设景区监测设施和大数据平台。以提升便利度和改善服务体验为导向，推动智慧旅游公共服务模式创新。培育云旅游、云直播，发展线上数字化体验产品。鼓励定制、体验、智能、互动等消费新模式发展，打造沉浸式旅游体验新场景。

（三）大力发展红色旅游

突出爱国主义和革命传统教育，提升红色旅游发展水平，推进红色旅游人才队伍建设。完善红色旅游产品体系，促进红色旅游与乡村旅游、研学旅游、生态旅游融合发展，推出一批红色旅游融合发展示范区。推出"建党百年红色旅游百条精品线路"，举办红色故事讲解员大赛，组织红色研学旅行活动。创新红色旅游展陈方式，开展红色旅游宣传推广，提升红色旅游发展活力。

（四）丰富优质旅游产品供给

创新旅游产品体系，优化旅游产品结构，提高供给能力和水平。建设一批富有文化底蕴的世界级旅游景区和度假区，打造一批文化特色鲜明的国家级旅游休闲城市和街区，认定一批国家级旅游度假区。完善 A 级旅游景区评定和复核机制，有序推动旅游景区提质扩容。以景区、度假区、旅游休闲城市等为依托，打造区域性国际旅游目的地，建设生态、海洋、冰雪、城市文化休闲等特色旅游目的地。推动乡村旅游发展，推出乡村旅游重点村镇和精品线路。发展专项旅游和定制旅游产品。完善自驾游服务体系，推动自驾车旅居车营地和线路建设。发展海洋及滨海旅游，推进中国邮轮旅游发展示范区（实验区）建设。推进低空旅游、内河旅游发展。发展康养旅游，推动国家康养旅游示范基地建设。发展冰雪、避暑、避寒等气候旅游产品。认定一批国家级滑雪旅游度假地。发展老年旅游，提升老年旅游产品和服务。

（五）完善旅游公共设施

优化旅游公共设施布局，增强旅游集散中心、游客服务中心、咨询中心的公共服务功能，完善旅游公共服务配套设施，推进旅游景区、度假区、休闲街区、游客服务中心等标识体系建设。持续深入开展旅游厕所革命，建设一批示范性旅游厕所。加强旅游交通设施建设，提高旅游目的地进入通达性和便捷性。完善旅游绿道体系。加强节假日高速公路和主要旅游道路交通组织、运输服务保障、旅游目的地拥堵预警信息发布。提升旅游信息公共服务水平。制定出台残疾人、老年人旅游公共服务标准规范。

（六）提升旅游服务质量

建立旅游服务质量评价体系，推广应用先进质量管理体系和方法，推行服务质量承诺制度。推动旅行社和在线旅游企业的产品创新，提高专业服务能力。加强导游专业素养、职业形象、服务品牌建设。优化住宿供给，支持特色民宿、主题酒店等创新发展。提升旅游餐饮品质，推动旅游餐饮与文化结合，发展美食旅游。开发高品质的文创产品和旅游商品，推广"创意下乡""创意进景区"模式。

（七）统筹推进国内旅游和入出境旅游发展

做强国内旅游，振兴入境旅游，规范出境旅游。改善国内旅游供给品质，促进境外消费回流。创新旅游宣传推广机制，实施国家旅游宣传推广精品建设工程，加强旅游推广联盟建设。实施入境旅游振兴行动，出台入境旅游发展支持政策，提升入境旅游便利化程度、涉外旅游接待服务水平。推动出境旅游目的地国家和地区在语言、餐饮、支付等方面为中国游客提供更高品质的服务。加强与重点目的地国家旅游交流，推动中国文化传播。

专栏 5　旅游产品和服务提升

黄河文化旅游带建设：加强沿黄地区旅游基础设施和旅游公共服务设施建设，以黄河流域部分县（市、区）为重点，打造一批具有标志性的文化旅游项目。

智慧旅游景区建设：支持一批智慧旅游景区建设，发展新一代沉浸式体验型旅游产品，推出一批具有代表性的智慧旅游景区。

世界级旅游景区建设：以具有一流水平的5A级旅游景区和世界遗产景区为基础，完善旅游景区基础设施，强化景区科技应用水平，打造一批世界级旅游景区。

世界级旅游度假区建设：研究建立世界级旅游度假区建设储备名录，支持有条件的地区开展世界级旅游度假区创建工作。支持旅游度假区提升旅游基础设施和休闲度假品质，培育一批国家级旅游度假区。

国家级旅游休闲城市和街区建设：开展国家级旅游休闲城市和街区建设工作，推出一批兼顾旅游者和本地居民需求的国家级旅游休闲城市和街区。

国家全域旅游示范区建设：开展国家全域旅游示范区验收认定和动态管理，推出一批国家全域旅游示范区。

自驾游推进：认定一批高等级自驾车旅居车营地，推广自驾游精品线路，支持营地合理设置与自驾车旅居车相配套的服务设施。

乡村旅游精品建设：推出一批文化内涵丰富、产品特色鲜明、配套设施完善、环境美好宜居、风俗淳朴文明的全国乡村旅游重点村镇，培育一批全国乡村旅游集聚区。

红色旅游经典景区提升：提升300处红色旅游经典景区发展质量，加强党史、新中国史、改革开放史、社会主义发展史教育。

研学旅行示范基地创建：开展国家级研学旅行示范基地创建工作，推出一批主题鲜明、课程精良、运行规范的研学旅行示范基地。

旅游市场服务质量评价体系建设：开发建设旅游服务质量评价系统，完善评价模型和指标，拓展评价体系应用场景，建设系统完备、科学规范、运行有效的服务质量评价体系。

导游服务质量提升：实施导游专业素养研培计划和"金牌导游"培养项目，举办全国导游大赛，建立导游星级服务评价体系，开展导游执业改革试点。

入境旅游振兴：完善入境旅游推广机制，健全相关政策，实施"美丽中国"全球推广计划，丰富入境旅游适销产品供给，提升入境旅游服务质量。

八、完善现代文化和旅游市场体系

服务扩大内需战略，坚持培育和监管并重，做优做强国内市场，提高资源配置效率和公平性，提升市场监管能力，不断完善统一开放、竞争有序的现代文化和旅游市场体系。

（一）培育各类市场主体

完善文化和旅游市场准入和退出机制，激发各类市场主体活力，持续扩大市场主体规模。尊重企业主体地位，加强政策引导，改善营商环境，培育骨干文化和旅游企业，支持中小微企业专业化特色化发展。支持企业孵化器、众创空间、互联网创业和交易平台等载体建设。鼓励有条件的地方建设区域文化和旅游企业综合服务中心，为企业发展提供服务。

（二）构建新型监管机制

加快构建以信用为基础的文化和旅游市场新型监管机制，依法依规开展失信惩戒。开展文化和旅游企业公共信用综合评价，推动实施信用分级分类监管。拓展信用应用场景。加强行业诚信文化建设。建设文化和旅游市场经济运行监测体系，实施风险评估和预警。推进"互联网+监管"，构建业务全量覆盖、信息全程跟踪、手段动态调整的智慧监管平台。

（三）加强行业管理和服务

开展平安文化市场建设，完善文化产品和服务内容审核机制，加强线上线下内容审核及动态监测，加强演出、艺术品、网络表演、网络音乐、游戏游艺、歌舞娱乐行业内容源头治理，发展积极健康的网络文化。建立旅行社动态管理机制。健全旅游住宿业标准的监督实施机制。规范在线旅游经营服务，对在线旅游等新兴业态坚持包容审慎监管。完善应急体系，开展行业安全培训和应急演练。健全旅游安全预警机制，加强旅行安全提示。建立便捷高效的旅游投诉受理和反馈机制。开展文明旅游主题实践活动，推动文明旅游示范单位评定。发挥行业自律作用，指导行业协会加强自身建设，积极参与行业治理。

（四）深化文化市场综合执法改革

全面落实文化市场综合执法改革任务，完善权责明确、监督有效、保障有力的综合执法管理体制。出台《文化市场综合执法管理条例》《文化市场综合行政执法事项指导目录》。全面推进文化市场综合执法队伍建设，加强执法保障，推进严格规范公正文明执法。完善全国文化市场技术监管与服务平台功能，提升执法信息化水平。健全完善联合办案和执法协作机制，加强区域执法协作。及时查处整治突出问题，开展不合理低价游等专项整治，维护文化和旅游市场繁荣稳定。

专栏6　文化和旅游市场培育监管

文化市场提质增效：开展上网服务场所、娱乐场所服务等级评定，推进阳光娱乐和绿色上网，引导培育文化娱乐新业态。建设演出票务监管服务平台。实施网络文化精品扶持计划。

旅行社转型升级：推动旅行社转型发展，培育一批具有国际竞争力、行业影响力的骨干旅行社和一批特色化、品牌化中小旅行社。

文化和旅游市场信用体系建设：完善信用监管系统，推进信用信息采集、共享和公示，保护信用信息安全，建立信用修复机制，依法依规健全跨行业、跨部门的信用联合惩戒机制。

文化和旅游市场风险监测预警体系建设：融合归集行业监管、动态经营、信用信息等基础数据，开展经济运行和市场风险监测、识别、分析、响应、处置，构建风险预警体系。

网络文化内容建设：实施网络文化精品扶持计划，推动优秀网络文化产品创作生产。整合线上线下资源，推动网络表演经纪机构规范化和网络主播职业化。实施青禾计划。

九、建设对外和对港澳台文化交流和旅游推广体系

加强中外文化交流和多层次文明对话，深化国际旅游合作，持续提升中

国文化、中国精神、中国价值的国际认同，创新交流合作的机制、内容和方式，不断完善对外和对港澳台文化交流和旅游推广体系，提高国家文化软实力，推动我国逐步从国际文化发展的贡献者向引领者转变。

（一）大力推动文化外交

持续提升服务元首外交水平，展示中华文化独特魅力。加强与世界各国及政府间国际组织的交流合作，依托二十国集团、金砖国家、上合组织、中非、中阿、中欧、中国-中东欧国家、中拉以及澜湄、东北亚等多边合作机制，增进文化和旅游国际交流。研究倡议发起大河文明等国际论坛，加强中外文明交流互鉴。高质量推进"一带一路"文化和旅游发展，深化项目合作。加大对周边国家和发展中国家的文化援助力度。加强与联合国教科文组织、世界旅游组织的合作，深度参与国际文化和旅游规则制定。

（二）开展多层次对外交流

办好中国文化年（节）、旅游年（节），持续增强"欢乐春节""美丽中国"等品牌活动的国际影响力。持续提升"相约北京"国际艺术节、中国上海国际艺术节等文化活动的国际影响力。开发符合国外受众需求的文化和旅游产品，打造对外交流品牌。推动各地发挥地缘、人缘优势，依托"东亚文化之都"、友好城市等平台，加强城市间文化和旅游交流合作。推出一批历史古迹保护修复、联合考古、展览合作示范项目，培育文物外展精品。围绕数字丝绸之路建设，持续推动文化产业国际合作。鼓励和支持企业、行业协会、基金会等各类主体开展丰富多样的民间交流。

（三）提高国际传播能力

以讲好中国故事为着力点，创新推进国际传播。完善海外中国文化中心、驻外旅游办事处的全球布局，充分发挥驻外机构的文化传播和旅游推广作用。加强中华文化对外推介，持续打造传播热点，用好国际社交媒体平台。引导出境游客、留学生、海外务工人员、华侨华人传播弘扬中华文化，扶持海外社团开展中华文化展示活动。

（四）深化对港澳台交流

提升面向港澳台青少年及基层民众文化和旅游交流水平，深入推进中华文化在港澳台地区的传承和弘扬。密切与港澳特区政府文化和旅游部门机制化合作，支持港澳文化和旅游发展更好融入国家发展大局。推动两岸民间文化和旅游合作持续深入开展，持续出台和落实文化和旅游领域惠台措施，与台湾同胞分享祖国大陆发展机遇。

专栏7　文化和旅游交流推广

"一带一路"民心相通：持续建设"一带一路"国际剧院联盟、博物馆联盟、艺术节联盟、图书馆联盟、美术馆联盟，办好丝绸之路国际艺术节、海上丝绸之路国际艺术节、丝绸之路（敦煌）国际文化博览会和敦煌行·丝绸之路国际旅游节等主题节会，提升"丝绸之路文化之旅"品牌影响力。加强与沿线国家在考古研究、文物保护、联合申遗等领域合作。

亚洲旅游促进：召开亚洲旅游促进大会，推出50个最佳旅游城市品牌、20个国际旅游合作示范区品牌。开发文化遗产游学产品和旅游演艺精品。依托铁路、邮轮、房车营地及自驾游等产品和线路，推动形成多程联运的一体化格局。

亚洲文化遗产保护：发起成立亚洲文化遗产保护联盟，构建保护准则。制定国别方案，联合实施一批亚洲主题合作项目。

"上下五千年"对外推广：做好中华文明探源工程、良渚古城遗址等考古成果的对外宣传，依托文明古国论坛等国际平台，加强非物质文化遗产活态展示、主题旅游、特许商品的国际推广，建立中国传统节日和节气文化交流品牌集群。

全球青少年文化交流：加强青少年文艺作品创作、非物质文化遗产传承、文化产业创新、文化志愿服务等方面的交流，举办大型国际青少年艺术比赛和中国国际青年艺术周。鼓励支持青年主播、博主开展对外文化推广。

港澳台中华文化传承和弘扬：推动智库交流、专业对话、人才培训，提升"艺海流金""中华文化论坛""情系中华"等交流平台影响力，实施港澳青少年知行计划、"华夏文明·薪火相传"台湾青少年中华文化传承计划等。

十、推进文化和旅游融合发展

坚持以文塑旅、以旅彰文，推动文化和旅游深度融合、创新发展，不断巩固优势叠加、双生共赢的良好局面。

（一）提升旅游的文化内涵

依托文化文物资源培育旅游产品、提升旅游品位，让人们在领略自然之美中感悟文化之美、陶冶心灵之美，打造独具魅力的中华文化旅游体验。深入挖掘地域文化特色，将文化内容、文化符号、文化故事融入景区景点，把优秀传统文化、革命文化、社会主义先进文化纳入旅游的线路设计、展陈展示、讲解体验，让旅游成为人们感悟中华文化、增强文化自信的过程。提升硬件和优化软件并举，提高服务品质和改善文化体验并重，在旅游设施、旅游服务中增加文化元素和内涵，体现人文关怀。

（二）以旅游促进文化传播

发挥旅游覆盖面广、市场化程度高等优势，用好旅游景区、导游人员、中外游客等媒介，传播弘扬中华文化、社会主义核心价值观，使旅游成为宣传灿烂文明和现代化建设成就的重要窗口。推动博物馆、美术馆、图书馆、剧院、非物质文化遗产展示场所等成为旅游目的地，培育主客共享的美好生活新空间。

（三）培育文化和旅游融合发展新业态

推进文化和旅游业态融合、产品融合、市场融合，推动旅游演艺、文化遗产旅游、文化主题酒店、特色节庆展会等提质升级，支持建设集文化创意、旅游休闲等于一体的文化和旅游综合体。鼓励在城市更新中发展文化旅游休闲街区，盘活文化遗产资源。建设一批国家文化产业和旅游产业融合发展示范区。推进文化、旅游与其他领域融合发展。利用乡村文化资源，培育文旅融合业态。发展工业旅游，活化利用工业遗产，培育旅游用品、特色旅游商品、旅游装备制造业。促进文教结合、旅教结合，培育研学旅行项目。发展中医药健康旅游，建设具有人文特色的中医药健康旅游示范区（基地）。结合传统体育、现代赛事、户外运动，拓展文旅融合新空间。实施一批品牌培育项目，推动文旅融合品牌化发展。探索推进文旅融合 IP 工程，用原创 IP 讲好中国故事，打造具有丰富文化内涵的文旅融合品牌。

十一、提升文化和旅游发展的科技支撑水平

聚焦文化和旅游发展重大战略和现实需求，深入实施科技创新驱动战略，强化自主创新，集合优势资源，加强关键技术研发和应用，全面提升文化和旅游科技创新能力。

（一）优化科技创新生态

构建以企业为主体、市场为导向、产学研相结合的文化和旅游科技创新体系。认定和建设一批文化和旅游部重点实验室和技术创新中心、国家旅游科技示范园区，强化公共服务和科技支撑能力，形成上下游共建的创新生态。推动文化和旅游领域科技研发和成果转化，实施一批科技创新重点项目。推动在国家重点研发计划中的文化和旅游相关项目实施。

（二）加快信息化建设

推进文化和旅游数字化、网络化、智能化发展，推动 5G、人工智能、物联网、大数据、云计算、北斗导航等在文化和旅游领域应用。加强文化和旅游数据资源体系建设，建立健全数据开放和共享机制，强化数据挖掘应用，不断提升文化和旅游行业监测、风险防范和应急处置能力，以信息化推动行业治理现代化。

（三）提升行业装备水平

加强文化和旅游装备行业研究，支持开展基础技术研发，提升企业设计制造水平，逐渐形成国产装备的核心竞争力。强化新技术、新材料在文化和旅游装备制造中的应用。大力发展演艺、公共文化、游乐游艺、旅游新业态等领域相关装备制造业，推进产业融合、集群发展，增强装备技术供给能力。

（四）推进标准化建设

健全标准化协调机制，完善文化和旅游标准体系，推进标准制修订工作。在新产品新业态、公共服务、市场秩序与质量评价等重点领域，持续加大标准制修订力度。加强标准宣贯和实施，开展标准化试点示范工作，以标准化引领质量提升。积极参与标准国际化工作，推动中国标准走出去。

专栏 8   科技创新培育和标准化建设

创新载体建设：认定和建设一批文化和旅游部重点实验室、国家旅游科技示范园区等文化和旅游科技创新载体，支持文化和旅游企事业单位联合高校、研究机构申报国家重点实验室、国家技术创新中心、国家文化和科技融合示范基地、国家企业技术中心等。

科技研发与应用：参与国家重点研发计划相关专项的推荐实施和成果示

范，开展 30 项核心关键技术攻关和 50 项应用示范，实施一批国家文化和旅游科技创新应用示范项目。

文化和旅游装备系统提升：建设一批文化和旅游部技术创新中心，支持文化和旅游装备相关社会组织发展，推进文化和旅游装备制造业示范园区、示范企业和示范项目建设，支持剧场设备质量安全检测。

文化和旅游标准化建设：出台一批文化和旅游领域国家标准和行业标准，确定一批标准化示范单位。

十二、优化文化和旅游发展布局

坚持东中西互补、点线面结合，以国家文化公园建设为重点，培育一批中华优秀传统文化保护传承示范区、革命文化继承弘扬样板区、社会主义先进文化创新发展引领区，形成区域联动、城乡融合、均衡协调的文化和旅游发展布局。

（一）完善空间布局

依据国土空间规划，全面落实国土空间开发保护要求和主体功能区战略，根据不同区域主体功能定位，立足资源环境承载能力，构建体现各地文化和旅游资源禀赋、适应高质量发展要求的文化和旅游空间布局。依托国家综合立体交通网，促进文化、旅游与交通融合发展，串点成线、连线成面，形成互联互通、优质高效、一体协作的文化和旅游网络布局。依托重点区域和城市群，培育跨区域特色功能区、精品文化带和旅游带。建设全国风景道体系，打造具有广泛影响力的自然风景线和文化旅游廊道。严守生态保护红线，对生态保护红线内允许的文化和旅游活动实施类型限制、空间管控和强度管制。坚持绿色低碳发展理念，加强文化和旅游资源保护，提高资源利用效率。

（二）建设国家文化公园

推进长城、大运河、长征、黄河等国家文化公园建设，整合具有突出意义、重要影响、重大主题的文物和文化资源，生动呈现中华文化的独特创造、价值理念和鲜明特色，推介和展示一批文化地标，建设一批标志性项目。坚持点段结合，统筹管控保护、主题展示、文旅融合、传统利用四类主体功能区，建设一批文化和旅游深度融合发展示范区。系统推进保护传承、研究发掘、环境配套、文旅融合、数字再现等重点工程。完善中央统筹、省市负责、分级管理、分段负责的国家文化公园建设管理机制。

（三）推进区域协调发展

加快京津冀三地文化和旅游协同机制和平台建设，支持雄安新区文化和旅游领域改革创新，加快建设京张体育文化旅游带。保护好长江文物和文化遗产，持续打造长江国际黄金旅游带。深化粤港澳大湾区文化和旅游合作，共建人文湾区、休闲湾区。提升长三角地区在文化和旅游领域的一体化发展水平，加快公共服务便利共享，建设杭黄自然生态和文化旅游廊道，打造一批高品质的休闲度假旅游区。保护传承弘扬黄河文化，实施黄河文化遗产系统保护工程，打造具有国际影响力的黄河文化旅游带。推进大运河文化带、生态带、旅游带建设，将大运河沿线打造成为文化和旅游融合发展示范区域。建设成渝地区双城经济圈，共建巴蜀文化旅游走廊。加强东北地区全域统筹，培育冰雪旅游、康养旅游和休闲农业业态。以更大改革力度推动海南自由贸易港建设，推进文化领域有序开放，建设国际旅游消费中心。深入挖掘和利用中部地区特色文化和旅游资源，打响文化和旅游品牌。推动东部地区文化和旅游率先实现高质量发展，加快在创新引领上实现突破。支持革命老区、民族地区加快发展，加大对赣闽粤等原中央苏区支持力度，传承弘扬红色文化。持续推进甘肃华夏文明传承创新区、曲阜优秀传统文化传承发展示范区、景德镇国家陶瓷文化传承创新区等建设。开展文化和旅游援疆、援藏工作，推进定点帮扶。加快边境地区文化建设，建设一批边境旅游试验区、跨境旅游合作区。

（四）推动乡村文化振兴

把文化和旅游发展纳入乡村建设行动计划，建设产业兴旺、生态宜居、乡风文明、治理有效、生活富裕的新时代魅力乡村。保持对脱贫县文化帮扶政策稳定，对脱贫县持续给予扶持。发展乡村特色文化产业、乡村旅游，完善利益联结机制，让农民更多分享产业增值收益。在有条件的乡村地区建设非物质文化遗产工坊。实施乡村文化和旅游能人项目。完善农村公共文化服务，改善配套基础设施，强化综合服务功能。加强"三农"题材文艺作品创作生产，开展"送文化下乡""戏曲进乡村"等活动，丰富乡村文化生活，提高乡村文明程度。加大对乡村文化遗产和特色风貌的保护力度，维护乡村文化多样性，推动形成文明乡风、良好家风、淳朴民风。

（五）促进城乡融合发展

把城乡文化建设同新型城镇化战略有机衔接起来，以城带乡、以文化人，不断提高城乡居民的文化获得感。把县域作为城乡融合发展的重要切入点，强化县城综合服务能力。推进城乡公共文化服务一体建设，实现城乡基本公共服务全覆盖，推动公共文化设施和旅游公共服务融合发展。建设宜居、绿色、人文城市，使城市成为人民高品质生活的空间。发挥中心城市和城市群的辐射带动作用，促进大中小城市和小城镇文化和旅游联动发展。加强新型城镇化进程中的文化遗产保护，保留传统风貌，延续历史文脉。打造城乡文化品牌，提升城乡文化品位，在城市更新、社区建设、美丽乡村建设中充分预留文化和旅游空间。

十三、保障措施

加强党对文化和旅游工作的全面领导，强化组织实施，健全体制机制，完善政策法规，夯实资源要素保障，推动规划落地见效。

（一）加强党的领导

坚持党总揽全局、协调各方的领导核心地位，强化全面从严治党引领保障作用，把党的领导贯穿于"十四五"文化和旅游发展的各领域各环节，确保党中央重大决策部署贯彻到位，确保"十四五"时期文化和旅游发展各项目标任务落到实处。

（二）深化体制机制改革

建立健全文化和旅游发展的部门协同机制，推进改革举措系统集成、协同高效，打通淤点堵点，激发整体效应。推进"放管服"改革，加快转变政府职能。完善文化和旅游融合发展体制机制。培育文化和旅游行业组织。深化公共文化机构法人治理结构改革。深化国有文化企业改革，推进公司制股份制改造，建立健全有文化特色的现代企业制度，推动国有文化企业把社会效益放在首位、社会效益与经济效益相统一。深化国有文艺院团改革，开展社会效益评价考核。探索建立景区文化评价制度。支持盘活利用存量工业用地，鼓励农村集体经济组织利用闲置宅基地和闲置住宅依法依规发展旅游业。推动文化和旅游领域对外开放政策在国家服务业扩大开放综合试点示范区域、自由贸易试验区、自由贸易港等先行先试，在具备条件的地区推动旅游消费免税等政策实施。夯实文化和旅游统计基础，完善统计制度，提升统计服务能力。

（三）建强人才队伍

实施人才优先发展战略，造就新时代文化和旅游人才队伍。优化人才培养结构、培养模式、评价机制，使各领域人才各得其所、尽展其长。培养高层次人才，开展文化名家暨"四个一批"人才、宣传思想文化青年英才推荐选拔，组织青年艺术领军人才培养、高质量产业人才培养扶持等项目。培养一批文化和旅游领域急需紧缺人才、高技能人才。夯实基层人才队伍，引导文化和旅游领域专业技术人才向艰苦边远地区和基层一线流动。开展专家服务基层活动。推进"订单式"人才援助。完善分级分类培训，举办全国文化和旅游厅局长培训班及高层次文化和旅游人才、优秀青年人才国情研修班，开展基层公共服务队伍培训。积极参与高校共建，推动文化艺术和旅游职业教育改革发展。

（四）完善支持政策

按照财政投入水平与经济社会发展阶段相适应的要求，落实支持文化和旅游发展的财政政策。按照公共文化领域中央与地方财政事权和支出责任划分改革要求，落实基层提供基本公共服务所必需的资金。进一步完善转移支付机制，重点向革命老区、民族地区、边疆地区、脱贫地区等倾斜。将文化和旅游重点领域符合条件的项目纳入地方政府专项债券支持范围。完善政府购买服务机制，通过多种手段引导社会力量参与文化和旅游发展。健全财政资金全过程绩效管理机制和监督机制，加强绩效评价结果应用，提高资金使用效益。

（五）完善投融资服务

深化文化、旅游与金融合作，鼓励金融机构开发适合文化和旅游企业特点的金融产品和服务。扩大文化和旅游企业直接融资规模，支持符合条件的文化和旅游企业上市融资、再融资和并购重组，支持企业扩大债券融资。引导各类产业基金投资文化产业和旅游产业。推广文化和旅游领域政府和社会资本合作（PPP）模式。完善文化和旅游企业信用体系，健全市场化融资担保机制。推动文化和旅游基础设施纳入不动产投资信托基金（REITs）试点范围。

（六）加强理论研究

围绕国家重大战略以及文化和旅游发展基础性、关键性、前瞻性重大问题，加强宏观研究和制度设计，为文化和旅游发展提供智力支持。建设文化和旅游部研究基地。发挥全国艺术科学规划、文化和旅游部级研究项目的引领作用，实施一批基础理论和应用对策研究项目，完善科研资助体系。推进各级文化和旅游研究院所建设，加强行业智库体系建设，培育和认定一批行业智库建设试点单位。

（七）健全法律法规

完善文化和旅游领域法律体系，加快推进法律法规的立改废释。积极推进文化产业促进法、文化市场综合执法管理条例出台，加快修订《中华人民共和国文物保护法》《中华人民共和国非物质文化遗产法》《中华人民共和国旅游法》等，推进博物馆立法研究，推进故宫保护条例、古籍保护条例等项目研究。落实行政规范性文件合法性审核机制和公平竞争审查制度。落实重大行政决策程序，提升文化和旅游领域行政决策公信力执行力。强化文化和旅游领域知识产权保护，健全知识产权信息咨询服务和交易平台，提高知识产权管理能力和运用水平。

（八）加强安全能力建设

加强国家文化安全保障能力建设，将安全发展理念贯穿于文化和旅游发展全过程。落实意识形态工作责任制，把握正确导向，加强对文艺作品、文化产品的内容把关。完善安全管理机制，会同有关部门加强对文化和旅游设施、项目、活动的安全监管。统筹疫情防控与文化和旅游发展，建立文化和旅游领域应对突发公共事件的应急机制，加强应急体系建设。建立健全文化安全风险评估和督查机制，制定文化安全风险清单，有效化解危害文化安全的风险挑战。

　　各级文化和旅游部门、文物部门要充分认识"十四五"文化和旅游发展规划的重要意义，积极推动本级党委和政府把文化和旅游发展纳入重要日程。各级文化和旅游部门、文物部门要认真贯彻实施本规划，加强部门协调和上下联动，健全规划实施机制，明确规划实施责任，加强规划监测评估，提高规划实施成效。

附录2　2023年五一假期酒店经营数据分析报告[①]

迈点研究院

2023年"五一"假期酒旅市场需求井喷。政府端，减、免、优，旅游激励政策力度持续加大；媒体端，"五一"关注度飙至新高，利好消息纷至沓来，相关新闻层出不穷，市场高歌猛进；微观主体方面，酒店、景区、铁路交通实时客流稳步提升。5月4日，"史上最火'五一'"假期收官，文旅部发布2023年"五一"假期出行数据：全国国内旅游出游合计2.74亿人次，同比增长70.83%，按可比口径恢复至2019年同期的119.09%；实现国内旅游收入1480.56亿元，同比增长128.90%，按可比口径恢复至2019年同期的100.66%。为探讨"五一"期间旅游住宿业的经营实况及复苏状态，迈点研究院独家发布《2023年五一假期酒店经营数据分析报告》。

本文将通过分析2023年"五一"假期酒店经营数据的具体细则，探讨酒旅持续复苏、报复性消费在这场"五一"旅游热潮中的作用，进一步实现对行业的数据支持。

---

① 全文摘自迈点网，对内容进行了细微调整。

一、样本数据说明

样本数据说明如附图 1 所示。

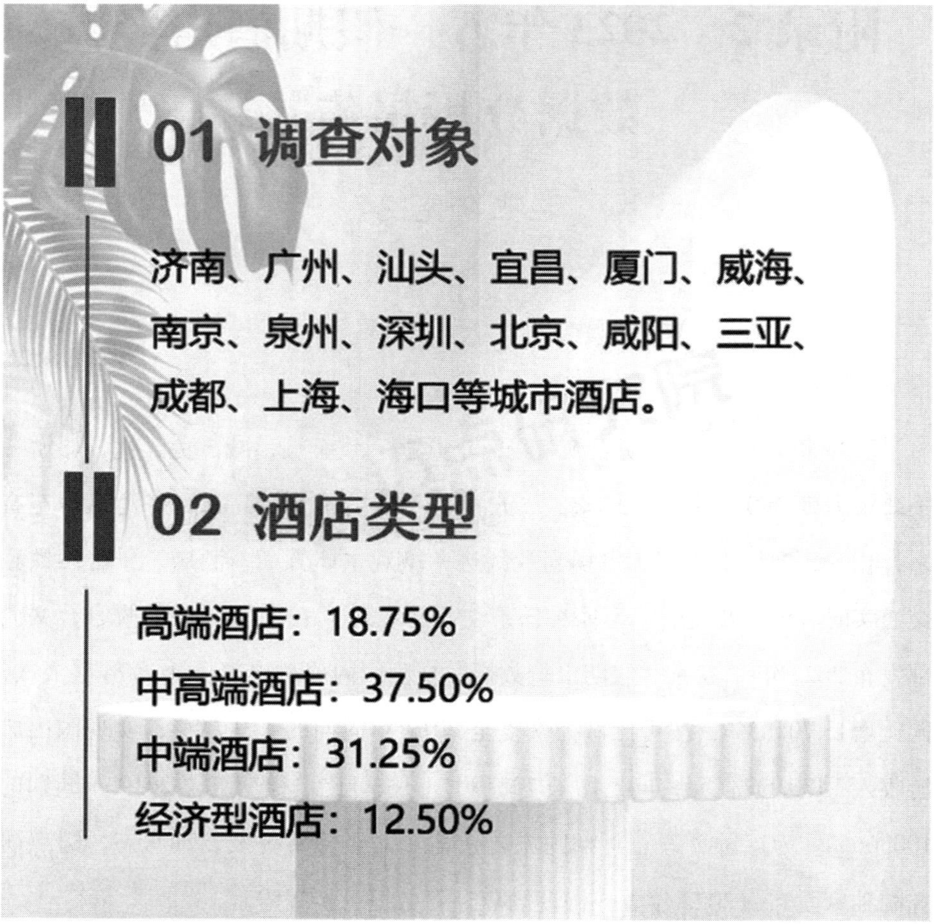

01 调查对象

济南、广州、汕头、宜昌、厦门、威海、南京、泉州、深圳、北京、咸阳、三亚、成都、上海、海口等城市酒店。

02 酒店类型

高端酒店：18.75%

中高端酒店：37.50%

中端酒店：31.25%

经济型酒店：12.50%

附图 1　样本数据说明

二、酒店经营数据分析

从整体数据来看，超九成接受调查的酒店反馈"五一"期间营业总收入恢复至新冠疫情前水平并顺利实现正增长，涨幅超 40%；近八成样本酒店平均入住率达 85% 及以上；近六成样本酒店平均房价超 500 元，超 500 元的酒店均为中端及以上酒店，经济型酒店平均房价达 329.5 元；高端酒店的总营收占比 75%，成为"五一"期间酒店营收重要抓手。具体数据如附图 2 和附图 3 所示。

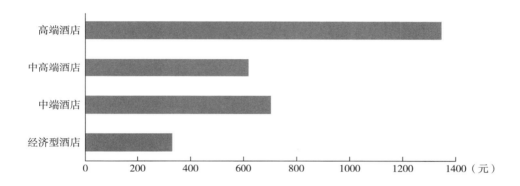

附图 2 2023 年"五一"假期各类型酒店平均房价（ADR）情况一览

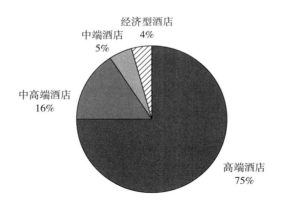

附图 3 2023 年"五一"假期各类型酒店总营收占比情况

1. 高端酒店经营数据分析："假日经济"助推，酒店消费仍处于高阶阶段

从 3 月开始，市场全方位进行"五一"预热，极端需求与供给短缺致使今年"五一"旅游需求集中爆发释放，各地住宿价格水涨船高。迈点研究院对样本进行分析发现，"花更多、住更好"的消费特征凸显，高端消费逆风而上。

样本数据显示，"五一"期间，高端酒店平均入住率 94%，各项经营指标与 2022 年同期相比实现正增长，近七成酒店的总营收、平均房价（ADR）、平均出租率（OCC）、每间可供出租客房收入（RevPAR）等指标同比增长超 40%。"五一"各酒店营收状况可观，"报复性消费"带动其对酒店的疯狂支出，样本统计数据显示，假期 5 天，酒店的营收均值达到 258.33 万元，客房收入成为主要收入来源，平均占比 60%以上，展现出强劲的消费能力。

其中，连锁酒店各项经营数值较之单体酒店存在明显优势，总营收、平均房价（ADR）、平均每间可供出租客房收入（RevPAR）总值超单体酒店 2 倍，但在平均入住率上，连锁酒店稍有逊色。此外分析本次样本数据，酒店经营数据存在明显的区域优势，三亚、上海、海口等热门城市酒店"吸金力"较为强势。其中，三亚某洲际度假酒店各项数据全面开花，"五一"期间平均房价（ADR）2730 元，位居高位。这主要得益于三亚作为传统热门旅游目的地，在酒旅供应方面一直持续发力，其继春节接待游客量创小高峰后，第一季度和"五一"假期接待游客量迅速飙升，从而带动当地酒店发展。

2023 年"五一"假期高端酒店经营数据分析如附图 4 所示。

附图 4   2023 年"五一"假期高端酒店经营数据分析

2. 中高端酒店经营数据分析：量价齐升，中高端酒店更受青睐

中高端酒店作为市场体量、数量都较为可观的酒店类型，在"五一"假期市场中稳定发挥，各项指标相较 2022 年同期均稳步增加。样本数据显示，"五一"期间，样本酒店假期平均出租率（OCC）为 82.5%，总营收均值为 52.87 万元，每间可供出租客房收入（RevPAR）505 元，平均房价（ADR）615.83 元，客房成为主要营收板块，收入占比均值近 78%。此外，餐饮业务在酒店业务板块中的优势逐渐凸显，样本酒店中的餐饮收入占总收入的 12.67%。宴会在酒店营收中的重要性在"假期经济"中凸显，"五一"酒店婚宴预订成为重要营收方式，数据显示，宜宾某酒店"五一"期间的总营收中宴会收入占比高达 56%。

2023 年"五一"假期中高端酒店经营数据分析如附图 5 所示。

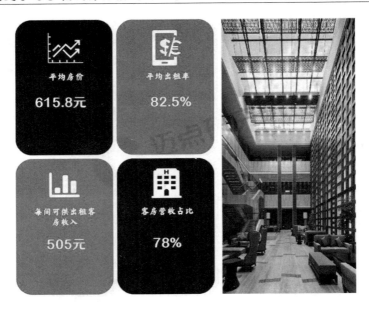

附图 5　2023 年"五一"假期中高端酒店经营数据分析

3. 中端酒店经营数据分析：单体民宿价格"水涨船高"，连锁酒店平稳发挥

迈点研究院调查数据显示，2023 年"五一"假期中端酒店的整体数据恢复甚至反超 2019 年数据，但相较于高端酒店及中高端酒店恢复不及预期。单体民宿平均房价（ADR）和每间可供出租客房收入（RevPAR）远高于其他主题类型酒店。

2023 年"五一"假期中端酒店经营数据分析如附图 6 所示。

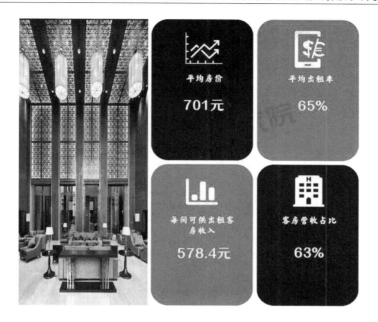

附图 6　2023 年"五一"假期中端酒店经营数据分析

4. 经济型酒店经营数据分析：平均出租率最高，稳居消费者选择 C 位

"五一"期间，在全国各地各类型酒店预订火热之下，经济实惠、产品和服务优质的经济型酒店受到消费者青睐。在类型细分中，经济型酒店的平均出租率高达 97.5%，远高于其他类型酒店。此外，样本数据显示，经济型酒店的平均房价（ADR）和每间可供出租客房收入（RevPAR）增幅均达到 30% 以上。其中，平均房价（ADR）329.5 元远高于 2022 年度全国各星级饭店的平均房价（ADR）181.71 元。同程旅行数据显示，"五一"假期相关的酒店预订量同比增长近 1.5 倍，经济型酒店搜索量周环比增长达 120%，是搜索热度最高的酒店品类。

2023 年"五一"假期经济型酒店经营数据分析如附图 7 所示。

附图7 2023年"五一"假期经济型酒店经营数据分析

三、总结盘点

（1）酒店"客房""餐饮""宴会"三轮驱动创收，"补偿式结婚潮"带动"五一"酒店宴会收入。"五一"消费市场的火爆一定程度上弥补了三年酒店营收的空缺。样本数据分析显示，酒店整体营收均值近80万元。但是随着酒店功能的不断拓展补充，单一的住宿功能很难在竞争不断强化的市场中获得盈利优势，餐饮和宴会的占比不断提高，尤其是随着"五一"婚礼高峰期的到来，热门酒店婚宴预订火爆，酒店宴会收入逆势增长。

（2）酒店经营数据差异化明显，新媒体引流成酒店提高营收的关键动力。迈点研究院调查数据显示，小红书、抖音等社交平台上的顶流——威海、三亚、厦门、成都等热门旅游城市的酒店经营数据更为可观，平均出租率超北京、上海、广州等一线城市，得益于官方对宾馆、酒店客房价格实行涨价幅度控制措施，山东"五一"假期酒店价格上涨平稳。

（3）中端酒店、经济型酒店需求回升，单体酒店体现高自主权。综观"五一"酒旅市场，兼具性价比与优服务的经济型酒店和中端酒店需求量大幅提升，高端酒店平均房价远超中高端酒店，经济型酒店的平均出租率达97.5%，位居所有类型酒店出租率榜首。追求特色、强调口碑、依赖回头客的中高端单体酒店在"五一"市场中未占有价格优势。拥有品牌独立性、高自主权的单体酒店价格变动明显，平均出租率、每间可供出租客房收入均高于连锁酒店。

（4）消费后劲不足，市场价格自律需持续受关注。"五一"期间"售空""售罄""约满"等热词在各大媒体刷屏，"史上最火'五一'"给行业注入"强心针"，未来酒店复苏动能得以释放。但在热火朝天的喧哗背后需要的是"冷思考"。繁荣能否持续？大浪淘沙，裸露出的问题能否改善？"五一"期间"酒店刺客""恶意毁约"的问题尖锐，一线员工短缺、招工难度增加、价格狂飙而服务质量原地踏步等问题悬而未决。

附录3 关于释放旅游消费潜力推动旅游业高质量发展的若干措施①

为深入贯彻落实习近平总书记关于文化和旅游工作的重要论述和中央政治局会议精神，丰富优质旅游供给，释放旅游消费潜力，推动旅游业高质量发展，进一步满足人民群众美好生活需要，发挥旅游业对推动经济社会发展的重要作用，提出以下措施。

一、加大优质旅游产品和服务供给

（一）推进文化和旅游深度融合发展

引导戏剧节、音乐节、艺术节、动漫节、演唱会、艺术展览、文旅展会等业态健康发展，丰富"音乐+旅游"、"演出+旅游"、"展览+旅游"、"赛事+旅游"等业态。开展中国文物主题游径建设和"读万卷书行万里路"文化主题旅游推广活动。有序发展红色旅游，保护好、管理好、运用好红色资源。推进文化和旅游产业融合发展典型示范。

---

① 全文摘自中华人民共和国中央人民政府网站，只对体例进行了修改。

（二）实施美好生活度假休闲工程

开展文旅产业赋能城市更新行动，打造一批文化特色鲜明的国家级旅游休闲城市和街区，推动旅游度假区高质量发展。加强绿道、骑行道、郊野公园、停车设施等微循环休闲设施建设，合理布局自驾车旅居车停车场等服务设施。

（三）实施体育旅游精品示范工程

推动体育赛事和旅游活动一体谋划、一体开展，结合重大、特色赛事，培育"跟着赛事去旅行"品牌项目，打造一批具有影响力的体育旅游精品线路、赛事和基地。发展冰雪经济，推动冰雪运动、冰雪装备、冰雪旅游全产业链发展，指导加强滑雪旅游度假地建设。

（四）开展乡村旅游提质增效行动

开展文化产业赋能乡村振兴试点，推动提升乡村旅游运营水平。建设一批富有地域文化特色的乡村旅游重点村镇，推动实施旅游民宿国家标准，打造"乡村四时好风光"线路产品，开展"游购乡村"系列活动。因地制宜打造美丽田园、景观农业、农耕体验、休闲渔业、户外运动等新业态。

（五）发展生态旅游产品

在严格保护的基础上，依法依规合理利用国家公园、自然保护区、风景名胜区、森林公园、湿地公园、沙漠公园、地质公园等自然生态资源，积极开发森林康养、生态观光、自然教育等生态旅游产品。推出一批特色生态旅游线路。推进森林步道、休闲健康步道建设。

（六）拓展海洋旅游产品

深入挖掘海洋海岛旅游资源，提升海岸海岛风貌。完善邮轮、游艇旅游政策，加强邮轮、游艇码头，滨海度假营地，运动船艇码头等旅游配套服务设施建设。优化邮轮航线和邮轮旅游产品设计，推进国际邮轮运输全面复航。

（七）优化旅游基础设施投入

支持各地根据旅游业发展需求，合理规划、有序建设旅游咨询中心、旅游集散中心、旅游厕所、旅游风景道、旅游交通标识标牌、智慧旅游公共服务平台等旅游公共设施。加快推进中西部支线机场建设，推动打造一批旅游公路、国内水路客运旅游精品航线，完善旅游航线网络、旅游列车线路、自驾车旅游服务体系。

（八）盘活闲置旅游项目

优化完善盘活方式，根据项目情况分类采取盘活措施，用好各类财政、金融、投资政策，支持旅游企业盘活存量旅游项目与存量旅游资产。

二、激发旅游消费需求

（九）改善旅游消费环境

支持文化体育场所增强旅游休闲功能，合理设置旅游咨询区、餐饮区、文创产品销售区等旅游接待设施。推动利用数字技术改造提升传统旅游消费场所，打造智慧旅游、沉浸式体验新空间。利用城市公园、草坪广场等开放空间打造创意市集、露营休闲区。创新开展"旅游中国·美好生活"国内旅游宣传推广。

（十）完善消费惠民政策

开展全国文化和旅游消费促进活动，鼓励各地围绕节假日、暑期等时间节点，联动文化和旅游企业、金融机构、电商平台、新媒体平台等举办形式多样的消费促进活动。

（十一）调整优化景区管理

完善预约措施，简化预约程序，尽可能减少采集游客个人信息，科学设置线上、线下购票预约渠道，最大限度满足游客参观游览需求。景区应保留人工窗口，在游客量未达到景区最大承载量之前，为运用智能技术困难人群提供购票预约服务。在旅游旺季，通过延长景区开放时间、增加弹性供给等措施，提升景区接待能力。

（十二）完善旅游交通服务

提高旅游目的地通达性，构建"快进"交通网络，结合节假日等因素优化配置重点旅游城市班车班列，推动将旅游城市纳入"干支通、全网联"航空运输服务网络，加快干线公路与景区公路连接线以及相邻区域景区间公路建设。优化旅游客运服务，积极拓展定制客运服务，普及推广电子客票服务，大力发展联程运输。

（十三）有序发展夜间经济

引导夜间文化和旅游消费集聚区规范创新发展。完善夜间照明、停车场、公共交通、餐饮购物等配套服务设施。鼓励有条件的公共文化场所、文博单位等延长开放时间。

（十四）促进区域合作联动

紧密围绕区域重大战略以及重点城市群、文化旅游带建设等，实施区域一体化文化和旅游消费惠民措施和便利服务，举办区域性消费促进活动。推进东中西部跨区域旅游协作，探索互为旅游客源地和目的地的合作路径。

三、加强入境旅游工作

（十五）实施入境旅游促进计划

优化入境旅游产品和线路，推出更多广受入境游客欢迎的旅游产品和服务。加强海外市场宣传推广和精准营销，持续开展"你好！中国"国家旅游形象系列推广活动。开展入境游旅行商伙伴行动，为国外从事来华旅游业务人员提供课程培训和旅游信息服务。

（十六）优化签证和通关政策

进一步提高签证办理效率，提升签证审发信息化水平。有序恢复各类免签政策，积极研究增加免签国家数量。充分发挥口岸签证、过境免签及区域性入境免签等政策对旅游业发展的积极作用，加大政策推介力度。为邮轮旅游、自驾车旅游及其他涉及入出境的旅游活动提供通关保障。

（十七）恢复和增加国际航班

增加与入境旅游主要客源国、周边国家的航线，加密航班频次，提高航空出行便利性。

（十八）完善入境旅游服务

提升外籍游客和港澳台居民持有效证件预订景区门票、购买车（船）票、在旅馆办理住宿登记的便利化水平。加强导游以及景区、酒店等服务人员外语培训，完善景区、机场、车站、酒店、购物商店等场所的多语种标识及导览设施。提高入境游客使用境外银行卡及各类电子支付方式便捷程度以及外币兑换便利性。

（十九）优化离境退税服务

提升离境退税服务质效，推动扩大境外游客离境退税政策覆盖地域范围，鼓励引导更多商户成为退税商店，进一步丰富退税商店商品种类。

（二十）发挥旅游贸易载体作用

支持国内文化和旅游企业、机构参加各类国际文化和旅游展会。鼓励举办市场化旅游展会，吸引外国文化和旅游企业来华参展、参会。高质量建设一批对外文化贸易基地，为外国文化和旅游企业来华投资合作提供服务保障。

四、提升行业综合能力

（二十一）支持旅游企业发展

适当放宽旅行社补足旅游服务质量保证金期限，旅行社可申请全额暂退或暂缓交纳旅游服务质量保证金。坚持同等质量标准，依法支持旅游企业参与政府采购和服务外包，不得以星级、所有制等为门槛限制相关企业参与政府采购的住宿、会议、餐饮等项目。

（二十二）加强导游队伍建设

优化导游职业资格准入管理，严格规范导游执业行为，净化导游执业环境，依法保障导游劳动报酬。加强导游人才供给和业务培训，举办全国导游大赛。

（二十三）提升旅游服务质量

完善旅游服务质量评价体系，开展监测评估和品牌建设，健全有关标准。建立完善以信用监管为基础的新型监管机制，依法认定失信主体并实施信用惩戒。建设文化和旅游领域诚信体系，健全信用承诺制度，推进信用品牌建设，优化信用消费环境。

（二十四）规范旅游市场秩序

加强旅游市场执法，深入开展旅游市场整治。建立健全跨部门旅游市场举报投诉和执法协作机制，加强数据信息共享和线索移交，开展联合执法，坚决维护游客合法权益。

五、保障措施

（二十五）健全旅游工作协调机制

完善工作机制，及时开展工作调度和研究会商，加强跨部门统筹协调和综合监管，推动解决旅游业发展中的重点难点堵点问题。

（二十六）强化政策保障

用好各有关渠道财政资金，加强政策协调配合。通过中央预算内投资等既有专项资金渠道，支持旅游基础设施建设。通过旅游发展基金、中央支持地方公共文化服务体系建设补助等渠道，支持地方提升旅游公共服务水平、加强旅游宣传推广以及推进国家文化和旅游消费试点城市、示范城市建设。将旅游领域符合条件的项目纳入地方政府专项债券支持范围。

（二十七）拓宽融资渠道

引导金融机构结合自身业务和旅游企业生产经营特点，优化信贷管理，丰富信贷产品，支持旅游设施建设运营。探索在部分地区开展旅游项目收益权、旅游项目（景区）特许经营权入市交易、备案登记试点工作。鼓励在依法界定各类景区资源资产产权主体权利和义务的基础上，依托景区项目发行基础设施领域不动产投资信托基金（REITs）。

（二十八）加强用地、人才保障

进一步优化旅游产业用地政策，依法依规保障旅游项目合理用地需求。鼓励地方结合城镇低效用地再开发，推动盘活存量土地支持旅游设施建设。研究做好旅游人才培养、使用、评价工作，加强职称评定、职业技能评价、人才返岗等支持，落实好各项就业、社会保障政策。

（二十九）做好旅游安全监管

联合开展行业安全检查，督促经营主体落实安全生产、消防安全、特种设备安全、食品安全主体责任，抓好重点场所单位、重要时间时段的安全管理，强化事故灾害防范应对措施，进一步提高旅游突发事件应急处置能力。

（三十）完善旅游统计制度

优化旅游统计调查方法，拓展数据来源，加强工作力量。推动文化和旅游、统计、出入境等部门间数据互联互通。

后　记

在撰写本书的过程中，我经历了许多挑战和收获。这部专著内容一部分是我博士研究生学习期间的研究成果，另一部分是受到国家自然科学基金地区项目资助后进一步探索研究的成果。在此，我想借后记的机会，对这部专著的创作过程、研究方法、存在的不足以及未来的展望进行简要的回顾和总结。

感谢我的博士生导师叶飞老师对我的悉心指导和支持。正是导师的鼓励和督促，让我能够坚持不懈地完成这部作品。在写作过程中，我遇到了一些困难和瓶颈，是导师的耐心指导和宝贵建议，让我顺利渡过难关。同时，我也要感谢学术界的先辈，他们的研究成果为我提供了参考和启示。

在研究方法上，本书运用管理学、机器学习、数据挖掘、统计学和计算机科学等相关方法和技术，以酒店企业的在线评论信息为研究对象，从顾客的视角探索相关酒店企业映射在评论信息中的关联关系，构建精准有效的竞争对手识别模型。在此基础上，以基于在线评论信息的服务需求发现为切入点，研究竞争对手评论信息对焦点酒店企业产生负向溢出效应的机理，进而对酒店企业与其竞争对手在顾客需求上的差异进行分析比较，以发现焦点酒店企业的顾客需求和偏好，帮助酒店企业科学制定有效的差异化运营与服务改进策略。除了上述研究方法，我还进行了实证调查和案例分析，以获取更深入、更具体的研究结果。在这个过程中，我深感研究方法的多样性和灵活性对于学术研究的重要性。通过不断尝试和改进，我逐渐摸索出了适合自己的研究方法，也更加明白了不同研究方法之间的优劣和适用范围。

在写作过程中，我深感学术研究的艰辛和不易。每一个观点都需要经过反复推敲和验证，每一个结论都需要有充足的数据和理论支持。在这个过程中，我更加明白了学术研究的严谨性和科学性，也更加珍惜他人的研究成果。在整部作品中，我力求做到观点鲜明、逻辑严密、语言准确，但难免会存在一些疏漏和不足之处。希望读者能够谅解并给予指正。

对于未来的研究和发展方向，我认为还有许多值得深入探讨的问题。随着时代的进步和社会的发展，学术研究也需要不断更新和完善。我希望能够在未来的研究中，继续深入挖掘这个领域的潜力，为酒店企业的智慧化发展尽一份绵薄之力。

回顾整部作品的创作过程，我深感自己还有许多不足之处。在理论框架和研究方法上，我需要更加深入地学习；在研究内容上，我需要更注重细节和深入挖掘；在语言表达上，我需要更加严谨和准确。这些都是我在未来研究中需要努力的方向和目标。此外，我也意识到学术研究需要不断地关注现实问题和时代发展。只有在实践中发现问题、解决问题，才能够更好地推动学术研究的进步和发展。因此，我希望能够在未来的研究中更加注重实践应用和实际效果的评价。

总之，这部学术专著的完成是我学术生涯中的一个重要里程碑。它不仅是我多年研究的成果总结，更是我热爱和追求学术研究的体现。在未来的研究中，我将继续保持严谨的学术态度，不断探索新的研究方法和思路，努力为学术事业的发展做出更大的贡献。

再次感谢所有支持我完成这部作品的师长、朋友和家人。是他们的鼓励和支持，让我有勇气面对困难和挑战，坚定地走上了学术研究的道路。在未来的日子里，我将继续努力、不断进步，为学术事业的发展贡献自己的力量。